Claudia Auffenberg (Hg.)

Wozu bist Du da?

Claudia Auffenberg (Hg.)

Wozu bist Du da?

Meine Antwort
auf die Frage nach Sinn

BONIFATIUS

Bibliografische Information
der Deutschen Nationalbibliothek
Die Deutsche Nationalbibliothek verzeichnet diese Publikation
in der Deutschen Nationalbibliografie; detaillierte bibliografische Daten
sind im Internet über http://dnb.ddb.de abrufbar.

MIX
Papier aus verantwortungsvollen Quellen
FSC® C011558
www.fsc.org

Klimaneutral
Druckprodukt
ClimatePartner.com/53323-2001-1011

Covergestaltung: Melanie Schmidt/Bonifatius
Titelbild: nikolarakic/AdobeStock

ISBN 978-3-89710-882-0

Gesamtherstellung:
Bonifatius GmbH Druck · Buch · Verlag Paderborn

Inhalt

Vorwort

Es gibt kaum etwas Interessanteres im Leben, als Menschen zuzuhören, wenn sie von sich erzählen. Seit 2020 haben wir im Dom, dem katholischen Magazin im Erzbistum Paderborn, eine Rubrik, in der wir das unseren Leserinnen und Lesern bieten: Wir lassen Menschen von sich erzählen. Dazu stellen wir ihnen diese eine Frage: Wozu sind Sie da?

Na ja, um ehrlich zu sein, stellen wir bei der Entstehung der Beiträge natürlich nicht nur diese eine Frage. Aber die Gespräche münden darin und manchmal stellen wir sie am Ende ausdrücklich. In der Regel schreiben wir danach die Texte und lassen sie von den jeweiligen Personen noch einmal lesen und korrigieren. Nur selten schreiben Menschen selbst den Text. Für die meisten ist es einfacher und wohl auch interessanter, der Antwort auf diese Frage im Gespräch mit einem anderen, einem Fremden auf die Spur zu kommen.

Wozu sind Sie da? Es geht um die Motivation eines Menschen, darum, was ihn oder sie antreibt, was er oder sie erreichen möchte, welchen Sinn er oder sie für sich sieht, christlich formuliert: um die Berufung dieses konkreten Menschen. Aus christlicher Sicht hat jeder von uns eine Berufung. Deswegen müsste jeder von uns diese Frage beantworten können, nicht nur die Frommen, und so stellen wir sie auch nicht nur den Frommen.

Natürlich haben die wenigsten schon einmal über diese Frage nachgedacht. Viele, die wir um ein Gespräch bitten, sind erst einmal überrascht. Und sich für ein seitenfüllendes Foto ablichten zu lassen, kostet durchaus auch Überwindung. Aber es hat noch keine Situation gegeben, bei der gewissermaßen nichts herausgekommen ist, wir haben noch kein Gespräch vergebens geführt. Sicher, es ist mal leichter, mal schwieriger, aber es sind für uns alle in der Redaktion faszinierende Termine, um die wir uns immer auch ein bisschen drängeln. Und die Reaktionen unserer Leserinnen und Leser zeigen: Diese Rubrik gehört zum ersten, was im Dom gelesen wird.

Wozu sind Sie da? Das ist eine herausfordernde Frage und es ist zugegeben leichter, sie zu stellen, als sie zu beantworten. Wir danken allen, die uns – und vermutlich auch sich selbst – diese Frage beantwortet haben.

Claudia Auffenberg

Wozu bist du da?

Diese Frage stellte der Paderborner Erzbischof Hans-Josef Becker dem Zukunftsbild voran, auf dessen Basis das Erzbistum Paderborn entwickelt wird. Wozu bist du da? Diese Frage kann sich auch jeder Einzelne stellen. Denn die Grundannahme des Zukunftsbildes ist eine biblische, dass nämlich jeder Mensch berufen ist, dass jede und jeder das eigene Leben als von Gott angenommen betrachten darf, dass es einen Sinn dieses Lebens gibt. Die Aufgabe des Menschen besteht darin, die Frage für sich zu beantworten.

Lotte Stork (10) lebt mit ihrer Familie in Höxter-Lüchtringen. Seit diesem Jahr ist sie Ministrantin in ihrer Gemeinde. Mit ihrer Freundin Frieda reitet sie, außerdem malt sie gern und macht Leichtathletik. Als sie eine Romfahrt der Schule ihrer Schwester begleitet hat, durfte sie zum Papst ins Papamobil.

Wozu bist du da, Lotte?

Ich helfe gern anderen Kindern. Einmal habe ich morgens im Lokalradio von einem Kind gehört, das krebskrank und sehr arm war. Es hatte nur sehr wenig Spielzeug. In der Schule habe ich mit meiner Freundin Frieda darüber gesprochen. Wir sind erst zum Reiten gegangen und dann haben wir uns eine Spendenbox gebastelt. Damit sind wir losgegangen und haben Geld für Spielzeug gesammelt, wir hatten sogar noch unsere Reitsachen an. Über 300 Euro sind zusammengekommen, die hat mein Vater überwiesen.

Das Kind hat mir sehr leidgetan. Ich dachte mir: Ich bin gesund und ich habe alles, was ich brauche, da kann ich gut helfen. Deswegen mach ich auch bei den Sternsingern mit. Übrigens schon sehr lange. Ich konnte kaum sprechen, da bin ich schon mit meiner großen Schwester mitgegangen.

Vor Weihnachten treffen wir uns, probieren die Gewänder an. Wir üben die Lieder und das Segenschreiben. Und wir schauen einen Film von „Willi will's wissen". Darin wird immer eines der Projekte vorgestellt, für die wir sammeln. Ich bin traurig darüber, wie die Kinder in anderen Ländern leben müssen. Manche haben kein Brot oder keine Eltern. Ich freue mich dann richtig, wenn wir viel Geld eingesammelt haben. Aber es ist auch schön, bei den Leuten zu singen. Manche Ältere bitten uns sogar herein; wir sollen dann neben dem Tannenbaum singen.

In diesem Jahr geht das leider nicht. Wegen Corona dürfen wir die Leute nicht besuchen. Stattdessen bringen wir Segenstüten herum. Da ist ein Segensaufkleber für draußen drin und eine Segensplakette für drinnen, ein Brief und eine Spendentüte. Die können die Leute dann im Supermarkt und in der Apotheke abgeben. Wenn wir durchs Dorf gehen und die Segenstüten in die Briefkästen werfen, dann haben wir zwar unsere Kostüme nicht an, aber wir setzen unsere Kronen auf, damit die Leute sehen, dass wir unterwegs sind.

So eine ähnliche Aktion haben wir zu Ostern auch schon mal gemacht. Uns Kommunionkindern fiel nämlich auf, dass manche Alleinstehende wegen Corona doch ganz schön einsam waren. Denen wollten wir etwas Gutes tun. Wir haben für jeden etwas gebacken oder gebastelt und zusammen mit einer gesegneten Osterkerze vor die Tür gestellt. Damit haben wir vielen wirklich eine große Freude gemacht.

Lara Matthias (16) macht im nächsten Jahr Abitur mit den Leistungskursen Englisch und Philosophie. Bei der youngcaritas Brilon stemmt sie unterschiedliche Projekte vom Zigarettenstummel-Aufsammeln am Diemelsee bis zur Gewinnung von Apfelsaft. In Kooperation mit der Caritas ambulant betreutes Wohnen werden Äpfel, die vorher von Bürgern aus Brilon und Rösenbeck gespendet wurden, zu Apfelsaft verarbeitet. Der Apfelsaft wird an die Caritas-Warenkörbe gespendet. Die Bank auf dem Foto wurde von Jugendlichen und Bewohnern der Senioren-Wohngemeinschaft und des Seniorenzentrums St. Engelbert gemeinsam gestaltet.

Wozu sind Sie da, Frau Matthias?

„Ich hatte doch auch mal Familie und Kinder!" Diesen verzweifelten Aufschrei eines Wohnungslosen in Dortmund habe ich nie vergessen. Das ist mir so richtig nahe gegangen. Ich bin dazu da, um zu helfen bzw. um andere Menschen wenigstens für einen Moment glücklich zu machen.

Also nicht irgendwie theoretisch, sondern ganz praktisch vor Ort in ganz unterschiedlichen sozialen Projekten. Das ist mir vergangenes Jahr so richtig klar geworden, als ich auf einer „Fridays for Future"-Demonstration in Brilon war. Zwar ist das ein wichtiges Anliegen, aber das ist mir irgendwie zu abstrakt; ich bin eher für die konkreten Situationen da. Da, wo es brennt, bin ich zur Stelle. Übrigens nicht nur im übertragenen Sinn bei sozialen Projekten, sondern früher auch im wahrsten Sinne des Wortes, als ich drei Jahre bei der Jugendfeuerwehr aktiv gewesen bin. Dann wollte ich einfach etwas anderes ausprobieren.

Bei uns in Olsberg, im Hochsauerlandkreis, ist die Welt ja noch richtig in Ordnung. Dann setzt man sich ins Auto, fährt rund anderthalb Stunden und in Dortmund sieht das Leben plötzlich ganz anders aus. Beim Verteilen von Lunchpaketen an Wohnungslose zusammen mit der youngcaritas Dortmund kamen wir ins Gespräch. Natürlich gab es von einigen Obdachlosen doofe Sprüche, aber viele waren erstaunlich ehrlich. Die meisten hatten ein ganz normales Leben, bis das Schicksal sie aus der Bahn geworfen hat. Ob Jobverlust, Krankheit, Schulden, Trennung, aber auch Sucht wie Alkohol oder Drogen können das Leben komplett umkrempeln. Das kann jedem von uns passieren. Die meisten Wohnungslosen, die sich mit uns unterhalten haben, würden auch gerne arbeiten. Einige verkauften das Dortmunder Straßenmagazin „bodo", um nicht nur betteln zu müssen, sondern auch gleich etwas anbieten zu können. Sie wollten einfach etwas tun, diese innere Stärke hat mich beeindruckt.

Unsere Aktionen leben von vielen Begegnungen und Eindrücken. Zur Corona-Zeit haben wir eine Smartphone-Sprechstunde für ältere Menschen ins Leben gerufen. Gerade für Menschen, die allein leben, sind WhatsApp & Co. hilfreich, um auch von zu Hause aus in Kontakt zu bleiben. Da hatten wir einen lustigen Fall. Bei einer älteren Dame hatte sich das Smartphone selbstständig gemacht. Das war einfach zu alt und dann haben wir ihr in Absprache mit ihrer Tochter ein neues bestellt.

Einsamkeit ist schon ein Thema auf dem Land und auch in unserer Gesellschaft. Ein bewährtes Mittel dagegen ist die Vernetzung, zum Beispiel leben wir Inklusion. Dabei habe ich keine Berührungsängste, weil mein Vater im ambulant betreuten Wohnen arbeitet. Bei einem Projekt für Menschen im Rolli sind wir losgezogen und haben beim Projekt „WheelMap" von den Sozialhelden für öffentliche Gebäude mitgemacht. 95 Schüler/-innen des Gymnasiums Petrinum und Menschen mit einer Beeinträchtigung haben uns dabei begleitet. Da gab es Bewertungen für barrierefreie Eingänge, die Zugänge und Größe der Toiletten. Das war genau mein Ding. Einfach los und konkret etwas tun, um anderen das Leben zu erleichtern.

Josef Lüttig (62) ist seit 1991 in der Geschäftsstelle des Diözesan-Caritasverbandes tätig. Als Diplom-Theologe, Diplom-Sozialarbeiter und Master of Organizational Psychology war er zunächst für die Personal- und Organisationsentwicklung verantwortlich. Seit 2009 ist er Diözesan-Caritasdirektor und damit zugleich Leiter der Hauptabteilung „Caritative und soziale Dienste" im Erzbischöflichen Generalvikariat, seit 2019 ist er Vorstandsvorsitzender des Verbandes. Der Caritasverband für das Erzbistum Paderborn ist der Zusammenschluss von über 200 katholischen Trägern der Alten- und Gesundheitshilfe, der Jugend- und Behindertenhilfe und weiterer Dienste mit mehr als 64 000 Beschäftigten.

caritas
caritas

Wozu sind Sie da, Herr Lüttig?

Die Frage, wozu ich da bin, was also meine Berufung ist, kommt für mich erst nach dem Schritt der Dankbarkeit. Ich bin zunächst dankbar für das Leben, das mir geschenkt worden ist, von meinen Eltern, von Gott. Ich bin dankbar dafür, dass ich es gestalten kann mit Menschen, die mir lieb und wichtig sind.

Als getaufter und gefirmter Christ erwächst daraus die Frage nach meiner Berufung. Hatte Gott etwas vor, als er den „Gedanken" Josef Lüttig hatte? Wir sind ja nicht nur Sternenstaub, sondern auch „ein Gedanke Gottes". Das Wissen, dass wir Sternenstaub sind, macht mich demütig, aber dass wir auch „ein Gedanke Gottes" sind, gibt mir eine besondere Würde.

Wie die Berufung konkret verwirklicht werden kann, ist immer situationsabhängig. Ich bin zum Beispiel heute auf andere Weise Vater als zu der Zeit, als unsere Kinder klein waren. Und das gilt auch für das Christsein. Grundsätzlich ist es mir wichtig, authentisch christlich zu leben und zu sprechen, privat und beruflich hier im Caritasverband. Für mich gehört es zum Glauben, alltäglich ethisch begründet zu handeln. Das gilt im Umgang mit den Menschen in meiner unmittelbaren Umgebung, aber es ist auch eine Aufforderung, mich z. B. in politische Diskussionen einzumischen, etwa, wenn abfällig über Flüchtlinge geredet wird.

Als Caritasdirektor sehe ich meine Aufgabe und vielleicht auch Berufung darin, mit dafür Sorge zu tragen, dass wir eine dienende Kirche sind, die Gottesliebe und Nächstenliebe zusammendenkt. Das ist für mich der Kern der Botschaft Jesu Christi. Gottes- und Nächstenliebe bilden eine Einheit. Sie relativieren sich gegenseitig, wenn sie unterschiedlich gewichtet werden. Mir ist das Gleichnis vom verlorenen Sohn oder besser vom barmherzigen Vater da wichtig. Der verlorene Sohn bekommt wieder Zugang zur Gesellschaft, heute nennen wir das Teilhabe. Das ist mein Verständnis von Gott. Dem Menschen grundsätzlich zu sagen: Du kannst deine Würde nicht verlieren, du gehörst dazu. Evangelisierend zu handeln heißt auch diakonisch zu handeln. Das bedeutet, mich zu fragen: Wo braucht uns der Mensch heute, als noch nicht Geborener, als Kleinkind, als Kranker, als Armer, als Sterbender ...? Es ist mir persönlich sehr wichtig, dass wir im Erzbistum gemeinsam Antworten finden auf die Fragen der Menschen und dass wir ihnen im biblischen Sinne Gemeinschaft anbieten, Koinonia, Gemeinschaft durch Teilhabe.

Das gilt natürlich auch für uns im Caritasverband. Verband heißt für mich Verbund. Wir müssen gemeinsam Sorge dafür tragen, dass wir professionell und wirtschaftlich ordentlich arbeiten und zugleich ein klar christliches Profil haben.

Dafür einzustehen macht Freude und braucht den Segen Gottes.

Maria Hagenschneider, Jahrgang 1955, hat über die Zeit im Hospiz das Buch „Tage voller Leben" geschrieben. Jetzt ist ihr neuer Titel „Es reicht jetzt! Frauen in der katholischen Kirche stehen auf" im Patmos-Verlag erschienen. Sie setzt sich ein für einen respektvollen, wertschätzenden, geschwisterlichen und geschlechtergerechten Umgang und Dialog innerhalb der Kirche. Auf dem Foto steht sie an dem barrierefreien Weg zur Kirche St. Agnes.

Wozu sind Sie da, Frau Hagenschneider?

Ich bin da, um sein zu dürfen, wie ich bin. Dabei habe ich einen langen Weg hinter mir. Vor sieben Jahren starb mein Mann Klaus an Krebs. Den Samstag vor dem ersten Advent war die Beerdigung. Nach den gemeinsamen Wochen im Hospiz war ich plötzlich allein zu Hause. Ich suchte nach Ansprache. Kurzerhand druckte ich mir eine Liste mit allen katholischen Kirchen Hamms aus. Ich hab mich ins Auto geschmissen, auf den Weg gemacht und bin pünktlich mit dem letzten Glockenschlag zur Eucharistiefeier an der alten Klosterkirche St. Agnes angekommen. Beim Betreten hatte ich plötzlich das Gefühl: Klaus ist schon da!

Das Gefühl des Willkommenseins in St. Agnes hat mich sehr berührt, da ich lange Zeit den Eindruck hatte, eben nicht willkommen zu sein. Schließlich war Klaus katholischer Priester und ich Gemeindereferentin. Wir haben uns verliebt und geheiratet. Er hatte sich auf seinem Glaubens- und Lebensweg nicht geirrt, sondern verliebt. Wir haben uns bewusst dafür entschieden, katholisch zu bleiben. Trotz des Gefühls der Ablehnung, des Nicht-Gewolltseins. Dabei war ich als Frau natürlich „schuldiger", weil ich in der Rolle der Frau in den Augen vieler den Priester verführt habe. Insgesamt waren wir nach mehreren Versuchen in verschiedenen Gemeinden einfach zu müde, um uns weiter zu engagieren. Klaus ist dann Psychologe im Knast geworden. Ich habe in der Frühförderung mit Kindern mit Behinderungen gearbeitet.

Bis die Diagnose Krebs und die Therapien unseren gemeinsamen Weg radikal veränderten. Im Hospiz haben wir zusammen seine Beerdigung geplant. Klaus wollte auf seinem letzten Weg keine Würdigung seiner Person, sondern den Glauben verkünden.

Der Lebensweg ist vielleicht gar kein Weg, sondern viel mehr ein Kreis. Das Ganzkörpertaufbecken in unserer Kirche St. Agnes ist ein starkes Symbol. Wir sitzen im Kreis um das Ganzkörpertaufbecken, alle sind gleich und jeder ist gleich nah oder weit von der Mitte entfernt. Auch unsere Taufberufung macht uns gleich. Sie befähigt uns zu allen Diensten und Ämtern in unserer Kirche. Schließlich sind wir alle da, um sein zu dürfen, wie wir sind.

Helga Plewka, Jahrgang 1938, verheiratet, zwei Töchter, zwei Enkelkinder. Sie war Lehrerin an einem Berufskolleg für Wirtschaft und Verwaltung. Seit 2018 lebt sie im Bielefelder St.-Pius-Heim Pflege + Wohnen.

Wozu sind Sie da, Frau Plewka?

Zum Katholisch-sein gehört über den persönlichen Glauben hinaus das gesellschaftliche Engagement. Das habe ich schon als Kind in meiner Familie erlebt und so lange ich es konnte, habe ich es selbst auch so gehalten.

Meinen Mann habe ich im Studium kennengelernt. Wir wurden 1964 von einem Bruder meiner Mutter getraut. Als wir 1967 nach Bielefeld zogen, sind wir als Katholiken noch mit Skepsis gesehen worden. Dass ich auch noch mit Kind berufstätig war, hat manche an mir zweifeln lassen.

Als unsere Tochter zur Vorbereitung auf die erste heilige Kommunion ging, wurden die Eltern zur Mitarbeit in der Gemeinde aufgefordert. Ich habe im Pfarrgemeinderat mitgemacht, obwohl ich etwas skeptisch war. Denn der damalige Pfarrer hat gleich gesagt, wir könnten ruhig beschließen, gemacht werde, was er sage. Dennoch bin ich dabeigeblieben und habe besonders in der Caritas-Konferenz mitgearbeitet. Als ich im Jahr 2000 pensioniert wurde, hat mich Pfarrer Ludwig Hoffmann gebeten, für den Kirchenvorstand zu kandidieren. Nach der Wahl habe ich mich weiter vor allem um karitative Belange gekümmert, besonders um den Kindergarten und das St.-Pius-Heim Pflege + Wohnen, in dem ich jetzt lebe. Alles, was ich früher aktiv gestaltet habe, erlebe ich jetzt passiv.

Mein ganzes Leben, die Kindheit, das Erwachsenwerden, meine Ehe, das Weitergeben des Glaubens an meine Töchter und Enkel und neuerdings meine Mitarbeit im Beirat des St.-Pius-Heimes ist für mich gelebter Glaube. Ich war immer katholisch und ich bleibe es auch trotz aller Zweifel, die die Unruhe in der Kirche in mir auslöst. Zur Rolle der Frau, zum Zölibat und zu den Missbrauchsfällen sollten in der Kirche Lösungen gefunden werden.

Monsignore Ullrich Auffenberg, Jg. 1949, katholischer Pfarrer, Theologe, Zusatzausbildung in Psychodrama und Erwachsenenbildung. Er initiiert spirituelle Bildungsangebote zu Themen wie „Aus den Wurzeln leben, aus dem Herzen schöpfen“ oder „Wurzeln, die Flügel schenken“.

Wozu sind Sie da, Herr Auffenberg?

Unser Leben wurzelt in der Gottesverbundenheit. Wie bei einem Baum, der die Säfte und Kräfte durch seine Wurzeln aus dem Grundwasser des Lebens schöpft. Uns Menschen ist doch längst bewusst geworden, dass alles miteinander verbunden ist. Ich bin dazu da, um Mut zu machen. Mut zu einem Leben mit Wurzeln in dieser Gottesverbundenheit. In unserer Gesellschaft ist sie zu spüren, diese tiefe Sehnsucht nach Spiritualität. Manche nennen es „Grundvertrauen“, andere „Urvertrauen“ und ich sage „Gottvertrauen“. In meinen Seelsorge-Gesprächen habe ich viele Menschen erlebt, die ohne dieses Vertrauen, diese Wurzeln waren. Die schon viele Therapien durchhatten. Gerade bei Schicksalsschlägen wie Unfällen hat es Betroffenen geholfen, sich als Teil eines größeren Selbst zu sehen, loszulassen und einfach zu vertrauen. Ein frei formuliertes Gebet bewegt dabei viel. Als pensionierter Priester möchte ich Laien Mut machen, damit sie ihre spirituelle Weisheit entdecken, ganz im Sinne des Konzils an einem Priestertum aller Gläubigen mitwirken.

In der Kapelle „Hillige Seele" bei Dörenhagen fühle ich meine Wurzeln, hier war ich schon, bevor ich überhaupt zur Welt gekommen bin. Meine Mutter lief regelmäßig die zwei Kilometer quer durch das Wäldchen Nonnenbusch von unserem Bauernhof bis hierher. Früher gab es keine Vorbereitungskurse für die Geburt, da wurde gebetet und auf Gott vertraut. Die Generationen vor uns haben allein durch Gottvertrauen ihr Leben gemeistert. Gerade nach dem Krieg haben viele gesagt, ohne Glauben und Gottvertrauen wäre das nicht gegangen.

Zuletzt habe ich hier an Silvester den Gottesdienst gehalten. Jedes Gebet besitzt einen eigenen Atemrhythmus. Leider sind viele Gebete formal ausgehöhlt. Ich habe die Gläubigen dazu aufgerufen, das Vaterunser nicht runterzurasseln, sondern diesem Rhythmus zu folgen. Plötzlich war da diese Dichte, diese Faszination, dieses Spirituelle. Im Wort spirituell steckt ja auch das Atmen. Einfach einmal tief durchatmen und die Kraft spüren. Das entschleunigt und bringt uns wieder in Kontakt: mit unseren Wurzeln im Vertrauen auf Gott.

Friederike Schmidt (35) ist Diplom-Theologin und arbeitet seit zwei Jahren am LWL-Zentrum für Forensische Psychiatrie Lippstadt-Eickelborn. Als Mitarbeiterin beim Erzbistum Paderborn ist sie an diesem Ort als Seelsorgerin tätig und begegnet dort den unterschiedlichsten Menschen in ihrer jeweiligen Lebens- und Glaubenssituation. Den Jesus auf dem Bild hat ein Patient gebastelt.

Wozu sind Sie da, Frau Schmidt?

Freiheit ist gerade da, wo wir sie am wenigsten vermuten: auch hinter Zäunen und Gittern, in einer Lebenswirklichkeit, die starken Regularien unterliegt. An einem Ort, an dem viele Menschen nicht selbstständig über ihr Leben entscheiden können, ist der Glaube ein Freiraum. Denn im Glauben sind wir frei, beziehungsweise sollten wir es sein.

Als Seelsorgerin in der forensischen Psychiatrie bin ich dazu da, Menschen zu begegnen und ihnen beim Entdecken dieses Freiraumes zu helfen.

Einige Menschen schöpfen viel Kraft aus ihrem Glauben, andere sind auf der Suche oder haben Fragen, über die wir ins Gespräch kommen können. Häufig begegnen mir aber auch Menschen, die ein negatives Gottesbild haben oder in einem strengen Glaubensbild gefangen sind.

Ich hoffe, dass es mir gelingt, den Menschen zu zeigen, dass für mich der richtende Gott der aufrichtende Gott ist. Ein barmherziger Gott, der nicht verurteilt, sondern sieht, wie es uns tatsächlich geht und was uns ausmacht. Kurz, dass wir vor Gott so sein können, wie wir sind, dass wir uns nicht verstellen brauchen oder versuchen müssen, jemand anderes zu sein. So, wie wir sind, sind wir gut genug. Daher ist es für mich persönlich sehr wichtig, auch in meinem beruflichen Alltag authentisch zu sein. Mit allem, was dazu gehört, und das sind für mich neben vielen anderen Dingen eben auch meine Tätowierungen. Auf die werde ich schon hin und wieder angesprochen, wenn es Verwunderung auslöst, dass man als Seelsorgerin eben auch tätowiert sein kann. Für mich sind Tätowierungen einfach normal und können manchmal sogar ein schöner Türöffner für ein Gespräch sein.

Neben den Gesprächen und Begegnungen ist für mich die Gestaltung der Gottesdienste eine wichtige Aufgabe. Der Gottesdienst soll ein geschützter Ort sein, an dem man zur Ruhe kommen kann. Denn Ruhe, das ist hier im Alltag der Klinik etwas Besonderes.

In den Gottesdiensten bemühe ich mich darum, auf die Bedürfnisse der Anwesenden einzugehen. Das bedeutet für mich kein starres Programm abzufahren, sondern flexibel sein zu können. Dann entwickeln sich manchmal Situationen, die sich gar nicht planen lassen.

So leben wir an diesem Ort Kirche und versammeln uns im Namen Gottes – sei es in jeder kleinen Begegnung oder eben im Gottesdienst. In dieser Freiheit meinen Glauben leben zu können – das ist für mich etwas ganz Besonderes.

Anja Geuecke ist Theaterpädagogin und Kabarettistin. In ihrer Paraderolle als „Hettwich vom Himmelsberg" nimmt sie die Widrigkeiten des Alltags, Gott und die Welt gekonnt auf die Schippe. Und zwar so, wie ihr der Schnabel gewachsen ist: herzerfrischend ehrlich in der typischen westfälischen Mundart.

Wozu sind Sie da, Frau Geuecke?

Die besten Ideen kommen bei der Hausarbeit. Dann lasse ich sofort den Staubsauger-Rüssel fallen, um mich an den Rechner zu setzen. Schmunzeln Sie über den Rüssel und denken an Schweinenasen oder Elefanten? Sehr gut, weil ich dazu da bin, damit wir gemeinsam lächeln oder lachen.

Nur wenn wir gemeinsam lachen, können wir auch zusammenarbeiten. Humor verbindet, das ist ganz wichtig. Besonders, wenn unterschiedliche Menschen und vielfältige Meinungen aufeinandertreffen, wie in der Kirche und insbesondere beim Synodalen Weg. Ich werde auf viele Veranstaltungen eingeladen und bin im ganzen Erzbistum Paderborn unterwegs. In der Garderobe verwandle ich mich. Ich setze meine knallrote Mütze aus Plüsch auf, suche mir eine extravagante Brille und steige in meine goldenen Stiefel. Dann bin ich nicht mehr Anja, sondern Hettwich.

In meiner Rolle als „Hettwich vom Himmelsberg“ kann ich einfach bestimmte Sachen sagen.

Wie damals die Hofnarren bei Königs. Das Komische, Übertriebene und Überspitzte bringt uns dabei nicht nur zum Lachen, sondern auch zum Nachdenken und umdenken.

Manchmal verharren wir ja blind auf einem Standpunkt, sind gefangen im gleichförmigen Gruppendenken und sind nicht mehr offen für andere Ideen. Die Narrenfreiheit lädt dazu ein, die Dinge aus einer anderen Perspektive wahrzunehmen. So entstehen auch neue Gedanken oder Lösungen.

Übrigens bedeutet der Name Hedwig „die Kämpferin". Das habe ich bei der Wahl nicht gewusst, aber ich sage immer: Zufälle gibt es nur bei der Kellertür.

Bei der Berufswahl habe ich mir auch mehrere Türen offengelassen. Die Arbeit als Kabarettistin ist eigentlich ein aus dem Ruder gelaufenes Hobby und jetzt bin ich schon seit sechs Jahren selbstständig. Vorher habe ich Religionspädagogik studiert und dann noch Sozialpädagogik, zu einer Zeit, als das auf große Empörung stieß. Unter dem Motto: Das brauche ich doch nicht, wenn ich die Berufung zum kirchlichen Dienst wirklich fühle. Nebenher studierte ich dann noch Theaterpädagogik. Das Theater bzw. das Schlüpfen in andere Rollen ist ein Weg, um das Bestmögliche aus uns herauszuholen. Uns mit all unseren Talenten und Fähigkeiten zu präsentieren. Je mehr wir uns trauen, umso mehr können wir auch erreichen. Mit Humor als dem verbindenden Element.

Johannes Bräseke (58), Diplom-Theologe, ist verheiratet, hat drei Kinder und einen Enkel. Seit 2012 ist er Krankenhausseelsorger im Klinikum Lippe mit den beiden Standorten Lemgo und Detmold.

Wozu sind Sie da, Herr Brüseke?

So einfach und allgemein kann ich das gar nicht sagen. Ich weiß das immer nur in einer konkreten Situation. Lange habe ich in der Erwachsenenbildung gearbeitet, da war es etwas ganz anderes als hier als Krankenhausseelsorger. Ich spüre gesandt zu sein, den Menschen die Nähe Gottes zu vermitteln, die schon da ist, aber oft nicht wahrgenommen wird.

Ich höre auf Gott: Wie kann ich ihm jetzt eine Stimme geben? Für mich heißt das: zuhören und wertschätzend auf das Leben eines Menschen blicken, von dem er mir erzählt. Denn Gott schaut mit Liebe auf dieses Leben! Ich darf auch mit den Menschen traurig sein. Krank zu sein, ist eine traurige, eine „kränkende“ Erfahrung. Krankheit nagt an uns. Ich erlebe so deutlich, wie sehr unser Selbstwert mit unserer Leistung, mit Erfolgen und unserem Funktionieren verbunden ist. Den Selbstwert nimmt eine Krankheit scheinbar weg und das ist traurig! Ich möchte Menschen ermutigen, sich nicht abzuwerten. Denn ich bin sicher, Gott blickt anders auf unser Leben! Er sieht seine einzigartige Schönheit auch dort, wo wir ratlos sind und nichts mehr zu finden glauben. Dass Menschen sich mir immer wieder öffnen und mir in solchen Situationen Anteil an ihrem Leben geben, macht mich reich und froh! Wenn ich mit dieser Haltung Gottes zuhöre, finden Menschen wieder Kontakt zu dem Wertvollen, Schönen und Guten, was auch trotz Krankheit bleibt! Viktor Frankl hat das in seinem Scheunengleichnis in sehr gute Worte gefasst: Der Mensch blickt immer nur auf das Stoppelfeld, das größer und größer wird. Aber er sieht nicht, was in der Scheune ist, die Ernte, in der alle Kraft und die Mühe noch immer stecken.

Eine besondere Erfahrung habe ich am Anfang gemacht, als ich neu in das Getriebe meines kommunalen Klinikums gekommen bin. Niemand hat auf mich gewartet. Ich hatte keine Macht und keinem Menschen etwas zu sagen. Ich stand auf keinem Dienstplan. Nur durch meine Person und mit meiner Glaubwürdigkeit konnte ich überzeugen. Ich bin sehr glücklich: Denn das ist mir gelungen! Besonders wertvoll finde ich, was ich darin lernen konnte: Menschen nicht einzuteilen in brauchbar und nicht brauchbar, sondern sie einfach so zu nehmen. Oft genug hat sich nämlich der erste Anschein als Irrtum herausgestellt. Heute habe ich einen guten Ort als Seelsorger in meinem Klinikum gefunden. In dieser nicht kirchlichen Welt habe ich so viel von Jesus verstanden! Schön, dass er nicht nur in der Kirche lebt!

Schwester Angelika Hellbach (66) ist die Verwaltungsleiterin der Missionsschwestern vom Kostbaren Blut in Deutschland, ihr Dienstsitz ist das Missionshaus in Paderborn-Neuenbeken. Sie gehört der Gemeinschaft seit 1978 an.

Wozu sind Sie da, Schwester Angelika?

Nach meinem Abitur habe ich zunächst Mathematik studiert, aber sehr schnell gemerkt, dass es mich nicht mit Sinn erfüllen wird, dies später Kindern beizubringen. Vielmehr wollte ich den Menschen etwas vermitteln, was für ihr Leben wichtig ist. So habe ich in Mainz Theologie studiert mit dem Ziel, Gemeindereferentin zu werden. Aber auch während des Studiums kam mir der Gedanke: Es ist nicht genug, ich will mehr. Das war für mich eine starke, treibende Kraft. Mir war es nicht genug, acht Stunden am Tag für die Kirche zu arbeiten, ich wollte das ganz machen. Ich wollte und möchte den Menschen mit meinem Leben zeigen: Es gibt einen Gott, der da ist und für den es sich zu leben lohnt. Der Menschen braucht, um seine Liebe weiterzutragen. So habe ich mich während des Studiums nach einer Ordensgemeinschaft umgesehen und bin auf die Missionsschwestern vom kostbaren Blut gestoßen.

Deren weltweite Ausrichtung, die Offenheit, dieses „Normalsein" haben mich sehr beeindruckt. Ich habe da mal zwei Schwestern erlebt, die sich gestritten haben. Und es wurde nicht sofort ein frommes Mäntelchen über alles gehängt. Man konnte ganz normal mit denen reden. Der Gründer der Gemeinschaft, Franz Pfanner, war ein handfester Mann, das hat mir auch gefallen. So habe ich mich für diese Gemeinschaft entschieden. Während meiner Ordenszeit war ich acht Jahre in Südafrika, da ist mir das Thema Menschenwürde ganz wichtig geworden. Ich habe versucht, den Frauen, mit denen ich gearbeitet habe, zu vermitteln, dass sie wertvoll sind – einerseits durch meinen Umgang mit ihnen, andererseits durch Gespräche, wenn sie mir von ihren Sorgen zu Hause erzählt haben.

Dann wurde ich nach Deutschland gebeten, um hier die Verwaltung zu übernehmen. Auch wenn ich hier im Büro sitze, kann ich doch viel für die Menschen weltweit tun. Ich engagiere mich für unsere Missionsstationen und ein großes Anliegen ist es mir, unsere alten Schwestern gut versorgt zu wissen, dass sie sorglos ihren Lebensabend verbringen können. Es ist mein Job, ihnen diese Sorgen abzunehmen. Ganz engagiert bin ich bei den Missionaren auf Zeit, wo ich die Liebe zu einem fremden Volk, die Achtung vor einer fremden Kultur diesen Menschen vermitteln möchte und ihnen die Erfahrung ermögliche, ein Jahr in einer anderen Kultur zu leben. Das ist nicht immer leicht für die jungen Leute, aber sehr, sehr wertvoll. Das tu ich mit ganzem Herzen, weil ich meine Missionsbegeisterung weitergeben kann.

Ich kann die ganze Welt nicht verbessern, das können auch wir als Ordensgemeinschaft nicht, aber für einige konkrete Menschen können wir sie ein bisschen lebenswerter machen. Dafür lebe ich.

Hiltrud Wiggeshoff (51), verheiratet und zwei Kinder, ist in der ambulanten Krankenpflege und in der Palliativpflege tätig. Sie gehört zu den vier Wort-Gottes-Feier-Leiterinnen und den Kommunionhelfern der St.-Pankratius-Gemeinde in Sundern-Stockum, die regelmäßig aus dem Hochamt die heilige Kommunion zu den Kranken bringen.

Wozu sind Sie da, Frau Wiggeshoff?

Nach dem Tod geht es weiter. Am Ende des Weges wartet etwas ganz Wunderbares auf uns. Das ewige Leben geht in einer für uns noch unvorstellbaren Weise weiter, in einer ganz anderen Qualität. Ich bin dazu da, um diese Zuversicht weiterzugeben. Dabei glaube ich an einen barmherzigen Gott, der uns alle auffangen wird.

Ich bin seit 30 Jahren mit Herz und Seele Krankenschwester. Vor 16 Jahren habe ich dann noch eine Ausbildung zur Heilpraktikerin mit Schwerpunkt in der komplementären Krebstherapie und zusätzlich noch eine seelsorgerische Ausbildung absolviert. Für mich gehören Schulmedizin, Naturheilkunde und Seelsorge untrennbar zusammen. Es geht nicht nur darum, ein erkranktes Organ zu behandeln, sondern den erkrankten Menschen ganzheitlich zu sehen. Die seelische Befindlichkeit spielt immer eine Rolle.

Insbesondere auch beim Sterben. Der Tod ist kein Zeitpunkt, sondern ein Prozess. Hier bei uns im Sauerland gibt es in den Dörfern noch häufig Mehr-Generationen-Haushalte, wo die Schwerkranken von ihren Familienangehörigen versorgt und gepflegt werden – eine wichtige Voraussetzung, um in Würde loszulassen.

Dabei geht es um die Frage: „Was braucht der Mensch noch?“, um endgültig loslassen zu können. Da brauchen wir in der Palliativversorgung ganz sensible Antennen, es geht darum, gut vorbereitet in den Tod zu gehen. Wenn zum Beispiel noch etwas Unausgesprochenes im Raum steht, kommt es auf den richtigen Zeitpunkt zum Reden an. Einfache Sätze wie „Dankeschön, dass du da warst“ helfen schon dabei, inneren Frieden zu schließen. Manche Menschen zweifeln und denken, dass bald alles vorbei ist. Wenn ich dann von meiner Zuversicht erzähle, fragen viele nach und werden doch neugierig. Schön ist es, wenn der Funke überspringt.

Wie gesagt, der Zeitpunkt ist wichtig, im Laufe des Sterbeprozesses kann der Mensch andere Bewusstseinszustände erreichen oder das Bewusstsein ganz verlieren.

Wenn sich der oder die Sterbende dann auf den letzten Weg macht, spüre ich einen vollkommenen Frieden. In diesen ganz dichten Situationen fühle ich Gott und habe die Gewissheit, genau richtig da vor Ort zu sein, wo ich in dem Moment gerade bin.

Meine Arbeit hat mir auch die Angst vor dem eigenen Tod genommen. Das Sterben gehört zum Leben. Wenn es so weit ist, können wir uns fallen lassen in Gottes offene Arme.

Konrad Nagel-Strotmann, geboren 1955 in Bremen, Ausbildung zum Diplom-Theologen in Frankfurt und Münster, verheiratet seit 1981 mit Angelika Strotmann, die heute Bibel an der Universität Paderborn lehrt. Theologisch arbeitet er seit Jahrzehnten zur Bedeutung gesellschaftlicher Fragen für die Bibel und umgekehrt. Dabei blickt er gerne weit über den Rand kirchlicher Milieus hinaus.

PadAlz e.V.
Paderborner Arbeitslosenze
tung und Interessenvert

Wozu sind Sie da, Herr Nagel-Strotmann?

Kirche und Arbeit – dieses Verhältnis hat mich immer besonders beschäftigt. Wahrscheinlich, weil ich selbst aus einer Arbeiterfamilie komme. In diesem Zusammenhang ist man ganz schnell bei der Frage nach der Gerechtigkeit – und der nach dem Blickwinkel: Kann man wirklich gerecht sein, wenn man von oben auf andere herabblickt? Ich glaube: Nein, das geht nicht!

„Mit den Menschen leben!" Nach meinem Theologiestudium Mitte der Siebzigerjahre habe ich diese Idee der „Arbeiter-Geschwister" aufgegriffen und war zehn Jahre lang selbst „Malocher". In einer Glaserei habe ich alles erledigt, was anfiel – vom Putzen bis zum Fensterbau. Als Theologe an der Werkbank: Ich bin zwar nicht mit der Bibel unter dem Arm in die Firma gegangen, doch das, was gerade im Alten Testament zum Thema Arbeit, Gesellschaft und Gerechtigkeit steht, war oft Thema bei Gesprächen im Kollegenkreis. Das Ideal dieser Bewegung ist es, Religiosität wirklich „mitten ins Leben" zu bringen.

Das ist bis heute so geblieben, und ich glaube, diese Erfahrungen haben meinen weiteren Weg stark beeinflusst: vom CAJ-Diözesansekretär in Osnabrück und dann in der CAJ-Bundesleitung, über mein Engagement im Arbeitslosen-Dachverband im Saarland bis zum KAB-Diözesanvorsitzenden hier im Erzbistum Paderborn.

Wenn ich mir ansehe, wo die Kirche heute steht, denke ich, wir machen es uns in der Mitte der Gesellschaft manchmal ein bisschen zu bequem. Das Verhältnis dieser „Mittelstandskirche" zu denjenigen, die am Rande stehen, die in prekären Verhältnissen leben – selbst wenn sie Arbeit haben, ist durchaus zwiespältig: Wir kümmern uns um sie, aber nehmen wir diese Menschen wirklich so wahr, wie sie sind, und akzeptieren wir sie so? Sehen wir, dass sie uns oft Christus verkündigen?

„Solidarität" ist ein Begriff, der für manche abgegriffen klingen mag – ich verwende ihn trotzdem gern: denn eine Gesellschaft, die uns zu „Einzelkämpfern" degradiert, ist nicht mehr lebenswert. Solidarisch sein heißt für mich, nicht nur mitzulaufen, sondern gemeinsam etwas zu bewegen. Dabei sollten wir nicht immer in Mehrheiten denken: Der richtige Weg ist nicht unbedingt der, den alle nehmen!

Magdalena Drinhaus ist pensionierte Krankenschwester und gehört zu den Überlebenden der Pockenepidemie in Meschede. Es erkrankten 21 Menschen schwer, 4 Menschen starben und 260 Kontaktpersonen wurden isoliert. Magdalena Drinhaus hat die Liebe zu ihrem Beruf und den Einsatz für andere an ihre Kinder weitergegeben: Ihre Tochter ist OP-Schwester und ihr Sohn Rettungssanitäter. Sie empfiehlt eine positive Einstellung und Optimismus.

Wozu sind Sie da, Frau Drinhaus?

Ich wollte schon immer Krankenschwester werden, um anderen zu helfen. Das ist einfach ein schöner Beruf. Deswegen habe ich damals zum großen Erstaunen aller meine Ausbildung im St.-Walburga-Krankenhaus fortgesetzt. Dieses „damals“ ist mittlerweile 50 Jahre her, ich war erst 21 Jahre alt, als ich die Pocken überlebt habe. Heute, in Zeiten der Corona-Krise, schenkt meine Geschichte vielleicht Mut und Zuversicht.

1970 hatte der Student Bernd K. die Pocken aus Pakistan eingeschleppt. Er hatte dort mit Gelbsucht in einem Krankenhaus gelegen. Ich finde es ganz traurig, dass er und seine Familie so attackiert wurden, er hat das ja nicht absichtlich getan. Aber das alles habe ich erst viel später erfahren.

Bernd K. lag also wegen Typhusverdacht bei uns in der Isolierabteilung des Krankenhauses, im „Rochushaus“ und erst zwei Wochen nach seiner Einweisung hieß es plötzlich: „Es sind die Pocken.“ Ich habe eine Etage über seinem Zimmer gearbeitet und wusste gar nicht, was die Pocken waren. Später stellte sich heraus, dass die Viren durch die Luft nach oben geschwebt sind. Natürlich wurde das „Rochushaus“ sofort unter Quarantäne gestellt. Jetzt wurde ich noch rasch geimpft, weil ich als Kind nicht geimpft worden bin. Alle, die Patienten und wir, die Schwestern und Ärzte, mussten auf den Stationen bleiben. Alles wurde verriegelt, die Türen mit Brettern zugeschlagen. Wir haben auf Pritschen geschlafen, einer sogar in der Badewanne. Es gab nur eine Tür mit Schleuse. Eigentlich war es eine schöne Zeit, wir hatten das gleiche Schicksal, haben viel erzählt und Karten gespielt.

Bis die ersten Patienten weggebracht wurden, weil die Pocken ausbrachen. Jeden Tag wurde Fieber gemessen, als es bei mir 38,5 Grad waren, kam ich sofort auf ein Einzelzimmer. Heute ist das ganz unvorstellbar: Ich wurde eingeschlossen, niemand hat mit mir gesprochen. Stunden später kam ein Arm durch den Schlitz in der Tür und reichte mir einen Plastiksack. Den sollte ich überziehen und meine Tasche packen. Mir ging es schon so elend, ich musste aber die Tasche selber tragen, zum Krankenwagen gehen und diesen Plastiksack festhalten.

Der Krankenwagen brachte mich auf die Seuchenstation nach Wickede-Wimbern, ein Bungalow im Wald, heute ist das ein Altenheim. Ich lag 14 Tage im Koma, wusste aber beim Aufwachen sofort, wo ich war, nur nicht, dass es so lange war. Alles war geschwollen, mir ging es richtig elend und ich war mit Pocken übersät. Man konnte zusehen, wie die Pocken aus der Haut sprangen. Als ich mich das erste Mal in einem Handspiegel gesehen habe, habe ich den vor die Wand geschleudert.

In der Quarantäne hatten wir kein Buch, Fernsehen oder Radio. Trotzdem war mir nie langweilig. Es war Winter, es schneite schrecklich und ich habe stundenlang die Schneeflocken angeschaut. Meine Eltern wussten auch nicht, wie es mir ging. Eine einzige Steyler Missionsschwester, die eigentlich in eine Leprakolonie wollte, hat uns gepflegt. Wenn jemand anrief, hat sie aufgelegt, weil sie so viel zu tun hatte. Heute sind wir dagegen mit Internet und WhatsApp richtig verwöhnt.

Insgesamt habe ich Glück gehabt und nie wieder etwas bekommen, zum Beispiel bei der Pflege von Tuberkulose-Patienten. Jetzt ist das Wichtigste einfach, dass wir Abstand halten und uns die Hände waschen. Statt zweimal „Happy Birthday" zu summen, bete ich immer beim Händewaschen das Vaterunser.

Pia Biehl, 1965 geboren, ist verheiratet, hat drei erwachsene Töchter und lebt in Siegen. Seit 2015 ist sie beauftragt als Seelsorgliche Begleitung für das Marienheim Weidenau; eine Einrichtung der Marien Pflege gGmbH, Marien Gesellschaft. Sie ist Autorin zahlreicher Bücher im Bereich Kinderliturgie, Erinnerungsalben für Taufe, Erstkommunion etc. und ausgebildete Leiterin von Wort-Gottes-Feiern. Das Bild zeigt sie, wie sie eine Bewohnerin beim Videotelefonat unterstützt.

Wozu sind Sie da, Frau Biehl?

Rückblickend war es eine Fügung, dass ich 2013 einen Flyer in die Hand bekam, mit dem der Diözesan-Caritasverband Paderborn Menschen für die Ausbildung zur Seelsorglichen Begleitung für Wohn- und Pflegeeinrichtungen motivieren wollte.

2015 beauftragt, wechselte ich innerhalb der Einrichtung vom Sozialdienst in die Seelsorge mit dem großen Privileg „da sein" zu können, auch und gerade in Situationen, in denen den Pflegenden oftmals die Zeit fehlt. Ich erfahre immer wieder, wie wichtig es ist, dass ich da sein kann mit meiner Zeit, meiner Aufmerksamkeit, einem offenen Ohr. Mein Aufgabenfeld ist sehr vielfältig und jeden Tag wieder neu spannend. Gespräche, Begleitungen, Gottesdienste, Netzwerkarbeit innerhalb der Einrichtung und zu Diensten außerhalb, Kontaktpflege in die Gemeinde. Dabei habe ich neben den Bewohnerinnen und Bewohnern auch Mitarbeitende und Angehörige im Blick. Aktuell stellt uns die Corona-Krise vor große Herausforderungen, da heißt es kreativ Wege zu finden, untereinander und nach draußen in Kontakt zu bleiben. Unsere Bewohner und Angehörigen entdecken mit Begeisterung die Videotelefonie. Ein fester Termin im Haus ist das abendliche Glockenläuten aller Kirchen, bei dem viele im Haus den Glocken der Pfarrkirche lauschen und sich im Gebet verbinden.

Wie wichtig es ist, dass ich da sein kann, zeigt sich in der aktuellen Situation bei Sterbenden. Angehörige, die nur unter strengen Auflagen kommen dürfen, und dann die Situation, nur im kleinsten Kreis Abschied nehmen zu können, mit einer Trauerfeier, die in der gewünschten Weise nicht möglich ist. Gewohntes und auch lieb gewonnenes muss völlig neu gedacht werden. Wir können unsere Bewohnerinnen und Bewohner nicht auf ihrem letzten Weg begleiten. Es fehlt ein wichtiges Ritual für die Trauernden, auch für uns als Hausgemeinschaft.

Im Hinblick auf die geforderten Strukturänderungen in der Kirche kann ich für mich sagen, dass ich mich da, wo ich hingestellt bin, sehr wohl fühle und meinen Dienst mit viel Freude tue, mit allen Möglichkeiten, die mir gegeben sind. Und die sind sehr vielfältig.

Oliver Märtin ist Tischlermeister und Bestatter. Er leitet seinen Familienbetrieb in Schwerte-Westhofen in der dritten Generation, seine Familie ist aber nachweislich schon über sieben Generationen mit Bestattungen betraut. Er ist verheiratet, hat zwei Kinder und ist in der Pfarrgemeinde St. Marien u. a. Pfarrgemeinderatsmitglied.

Wozu sind Sie da, Herr Märtin?

Ich bin der Letzte, der den Verstorbenen sieht. Das ist so. Quasi übergebe ich den Menschen als letzter Lebender, das macht mich in gewisser Weise stolz. Ich verabschiede mich sehr bewusst von dem Verstorbenen.

Mit dem Beruf des Bestatters bin ich groß geworden, in meiner Familie wurde immer bestattet. Wir können feiern, dann zur Arbeit, und dann auch wieder umschalten. Wir waren und sind eine lebensfrohe und lebensbejahende Familie, vielleicht weil wir wissen, wie schnell es gehen kann.

Mein Glaube hilft mir natürlich bei meinem Beruf, aber ich missioniere nicht. In meinen Besprechungsräumen hängen auch keine Kreuze, ich lebe meinen Glauben aber jeden Tag auch in meiner Arbeit.

Positives ist im Leben immer mit Negativem verbunden, es gibt Sonne und Regen, nie nur das Eine. Das versuche ich zu vermitteln. Zuversicht und Hoffnung, damit helfe ich den Menschen in ihrer Trauer am meisten.

Natürlich ist das hier ein Geschäft, aber ein Besonderes. Meine Mitarbeiter und ich sind sehr, sehr nah an den Menschen. Wir sind empathisch, natürlich trauern wir mit und müssen auch Mitleid haben. Wenn es ganz schwer ist und wir den Verstorbenen gekannt haben, dann machen wir auch schon mal eine Pause. Es ist nicht so, dass ich noch nie geweint hätte, im Gegenteil. Im direkten Kontakt mit den Angehörigen bleibt das normalerweise außen vor, dort sind wir der Helfende. Meine persönliche Trauer vermenge ich mit der Einsicht: „Schön, dass du das jetzt machen darfst."

„Mein Beileid“ sage ich eher selten. Das ist für mich eine Floskel. Ich behaupte ja nicht, dass diese Worte niemals ernst gemeint sind, aber für mich sagen sie irgendwie nichts. Manchmal geht es auch gar nicht um Leid, manchmal ist der Tod gut so. Ein gewünschter Endpunkt, die Erlösung. Ich spreche sehr intensiv mit meinem Gegenüber, da fällt mir schon das passende Wort ein.

Wir sind sehr gut ausgebildet, wir sind kompetent. Das merkt man uns hoffentlich an. Wir sind verlässlich. In der Region sind wir bekannt, viele kommen ausdrücklich zu uns persönlich. Rauszufinden, was richtig und was wichtig ist – das ist unsere Kernaufgabe.

Ich habe Spaß an meiner Arbeit, ich bin ja auch nicht grundtraurig oder depressiv, im Gegenteil. Ich würde meinen Humor etwas schelmisch nennen, wir lachen auch in Trauergesprächen, wenn es passt.

Ute Glunz-Eikerling (Jahrgang 1969) ist verheiratet und hat zwei erwachsene Kinder. Sie unterrichtet an einer Sekundarschule im Kreis Lippe und ist in ihrer Heimatgemeinde Altenbeken-Schwaney ehrenamtlich auch in der Firmvorbereitung engagiert.

Wozu sind Sie da, Frau Glunz-Eikerling?

Wo bin ich um was zu tun? So kann man die Frage auch stellen, oder aber: wozu bin ich da? Wir wissen ja alle, dass man in ganzen Sätzen antworten soll, jedoch fällt mir auf diese Frage ein passendes Verb ein: begleiten.

Ich begleite als Lehrerin an einer Sekundarschule Schülerinnen und Schüler in der Regel 6 Jahre lang; sie starten als 10jährige Kinder und verlassen als junge Erwachsene ihr schulisches Umfeld und ihre Klassenlehrer. Es ist schon ein starkes Gefühl, Teil eines Lebensweges sein zu dürfen, Begleiter und Berater in guten und in schlechten Zeiten. Aber da sind neben den Schülern auch die Kollegen, berufliche Wegbegleiter, die beratend zur Seite stehen.

Unsere Familie macht natürlich auch einen immensen Part der Begleitung aus, jeder ist für den anderen da, wir begleiten uns gegenseitig. Jede Lebensphase fordert eine besondere Form von Begleitung, Unterstützung, Geben und Nehmen. Zunächst begleiten die Eltern das Kind bei den ersten Schritten, Einschulung, Pubertät und Berufswahl. Geschwister begleiten auf besondere Art und Weise: als Kinder unterstützen sie sich gegenseitig, nehmen sich in Schutz, ältere begleiten in der Regel die jüngeren und verleiten sie auch manchmal zum Unfug. Irgendwann wendet sich das Blatt: Die Kinder begleiten die (in die Jahre gekommenen) Eltern zum Arztbesuch, bei Behördengängen und zum Kirchgang; sie begleiten, wenn ein Elternteil stirbt und übernehmen die Führung, wenn Entscheidungen anstehen, die das Alter mit sich bringt.

Und weil aller guten Dinge drei sind, ist da noch das Ehrenamt in unserer Pfarrgemeinde, besser gesagt im Pastoralen Raum. Als Lektorin und Kommunionhelferin begleite ich Gottesdienste und oft ist es danach ein kurzer Gruß, ein paar Sätze, manchmal auch nur ein Lächeln, das mich mit den anderen Gottesdienstbesuchern verbindet.

In Psalm 23 heißt es: Deine Güte und Liebe werden mich begleiten mein Leben lang... Das glaube ich und das trägt mich. Ich weiß aber auch meine persönlichen Wegbegleiter zu schätzen, und ich bin dankbar für den Teil meines Lebens, in dem sie besonders für mich da waren und da sind.

Besonders jetzt, in einer Lebenslage, die wir noch nie erlebt haben, in der wir uns nicht mehr treffen sollen, in der viele Alltagsgeschäfte ruhen und in der Entscheidungen getroffen werden müssen, die man letztes Jahr noch für Fiktion gehalten hätte, müssen wir besonders stark zusammenhalten: uns gegenseitig unterstützen und Mut machen, Begleitung sein.

Astrid Hauke ist gelernte Zahnarzthelferin, studierte Pädagogin, zertifizierte Humortrainerin, Schauspielerin, Clownin und Musikerin, die ihre Texte selber schreibt. Sie lebt als selbstständige Künstlerin in Bielefeld. Deutschlandweit tritt sie als Lieselotte Quetschkommode mit lebensfroher „Familien-Erlebnis-Musik“ auf. Dabei sind ihre Konzerte eine Mischung aus Musik und Schauspiel.

Wozu sind Sie da, Frau Hauke?

Mit drei Jahren erlebte ich einen schweren Unfall. Damals bin ich an einem Eisentor hochgeklettert und abgestürzt, im freien Fall direkt auf Beton. Im Rettungswagen zwinkerte mir ein junger Sanitäter zu und sorgte dafür, dass ich die anschließenden zwei Wochen im Krankenhaus mit der „Augenzwinker-Übung“ verbrachte. Während ich ans Bett gefesselt nur liegend den Tag verbringen durfte, war das die wahrhaftige Rettung! Dieser Sanitäter war der Held meines Lebens. Davon möchte ich etwas zurückgeben. Ich bin dazu da, um mehr Menschlichkeit in die Medizin zu bringen. Seelenhygiene ist genauso ernst zu nehmen wie Desinfektion!

Humor schenkt Kraft. Musik und Singen ebenfalls. Meine Mission ist es, diese Kraftquellen den Menschen wieder bewusst vor Augen zu führen. Deswegen unterstütze ich seit 2012 die Stiftung HUMOR HILFT HEILEN von Dr. Eckart von Hirschhausen. Der bekannte US-amerikanische Clown Michael Christensen hat dieses Humortraining entwickelt.

HUMOR HILFT HEILEN hat sich zum Ziel gesetzt, die heilsame Stimmung in Krankenhäusern und Pflegeeinrichtungen zu fördern. Humorinterventionen und in Achtsamkeit geschultes Personal sollten eines Tages ein selbstverständlicher Standard auf Klinikstationen, in Pflegeeinrichtungen sowie in der Pflege- und Medizinerausbildung sein. Deshalb bietet die Stiftung diese Humor-Workshops für Klinikpersonal und Personal von Pflegeeinrichtungen an – mit Themenschwerpunkten, die in der klassischen Ausbildung oft zu kurz kommen. Humor kann Teams helfen, sich besser zu verstehen, kann Druck mindern, die Kommunikation untereinander verbessern und auch helfen, mit Trauer und Leid besser umzugehen. Schon kleine Veränderungen können einen großen Effekt erzielen. Seit ich selbst Humor-Workshops gebe, trainiere ich meinen „Humor-Muskel“ noch regelmäßiger. Es ist die Freiheit des Denkens, die geistige Flexibilität, die den feinen Unterschied macht, wie wir auf Situationen reagieren und damit umgehen. Humor verbindet Menschen. Religion, Alter, Ausbildung, Hautfarbe, Sprache und sexuelle Orientierung spielen plötzlich beim gemeinsamen Lachen keine Rolle mehr. Humor ist der Kit unserer bunten Gesellschaft. Wenn wir zusammen lachen, tanzen und singen, respektieren wir uns. Akzeptanz ist der erste Schritt auf dem Weg zu einem friedlichen Zusammenleben.

Viele Situationen, insbesondere jetzt zu Corona-Zeiten, können wir nicht ändern. Wir können lernen mit ihnen zu leben, oder noch besser, unsere Haltung dazu ändern. Diese Erkenntnis ist eine enorme Bereicherung. Besonders für Menschen, die jeden Tag für andere da sind. Das Klinikpersonal darin zu unterstützen, für sich selbst gut zu sorgen, um anschließend für andere da sein zu können, ist meine Aufgabe, die mich einfach glücklich macht.

Johannes Klauke, Jahrgang 1950, war 37 Jahre Lehrer am Ratsgymnasium in Rheda-Wiedenbrück und leitete die Schule von 1991 bis 2014. Heute ist er unter anderem in St. Aegidius Wiedenbrück als Leiter von Wort-Gottes-Feiern ehrenamtlich tätig. Seit 2014 gehört er der Gruppe der Grünen Damen am Wiedenbrücker Sankt-Vinzenz-Hospital an und ist seit 2018 auch als ehrenamtlicher Krankenhausseelsorger im Einsatz. Nach einem Hospizkurs arbeitet er im Wiedenbrücker Altenheim St. Aegidius mit. Seit 2010 ist er Mitglied der missio-Kommission im Erzbistum Paderborn.

Wozu sind Sie da, Herr Klauke?

Eine gewaltige Frage! Die Antwort muss also gut überlegt sein. Vielleicht aus heutiger Perspektive, mit fast siebzig Jahren, so: Geboren nach dem Krieg in eine katholische Familie, lerne ich mich in Kindheit und Jugend zu verstehen als geliebtes Kind Gottes, aufgerufen zu einem Leben in Gottes- und Nächstenliebe. Vom Kirchenjahr selbstverständlich und nachhaltig geprägt ist der familiäre Alltag in der norddeutschen Diaspora. Die kirchlichen Feste, die Tätigkeit als Messdiener und als Sänger in einer Schola, die Mitgliedschaft im ND prägen das kaum hinterfragte Lebensverständnis.

Fragen zu stellen nach dem Sinn und der Ausrichtung des eigenen Lebens lerne ich dann im Studium der Germanistik und der Katholischen Theologie in Münster, im anschließenden Referendariat und in den folgenden Jahren mit eigener Familie und mit einem anspruchsvollen Berufsalltag. Dabei nehmen die Antworten ihren Ausgangspunkt stets bei dem, was Familie, Kirche, Schule und Studium mir traditionell vermittelt haben. Und wagen zunehmend die Überprüfung an der persönlichen Erfahrung und der zunehmend um eine aufgeklärte Haltung bemühten eigenen Einschätzung.

Vor diesem biografischen Hintergrund kann ich die Antwort heute so skizzieren: Wie mein Namenspatron Johannes der Täufer will ich da sein, um im Rahmen meiner Möglichkeiten in der Orientierungsarmut unserer Tage durch Wort und Tat hinzuweisen auf das befreiende Lebensmodell Jesu. Seine Frohe Botschaft vom Wert jedes Menschen vor aller Leistung und trotz mancher Verfehlungen, seine unbeirrte Hoffnung auf die oft machtlose Macht der Liebe, auf einen barmherzigen Vater versuche ich zu leben zum Beispiel in Wort-Gottes-Feiern, in Friedensgebeten, im Besuch von Kranken und Alten. Mein Leitwort ist der Appell aus dem ersten Petrusbrief: „Seid stets bereit, jedem Rede und Antwort zu stehen, der nach der Hoffnung fragt, die euch erfüllt." (1 Petr 3,15b)

Dabei betonen „Rede und Antwort" immer neu die vielen positiven Erscheinungen der Hoffnungsgemeinschaft Kirche. Zugleich sind sie notwendig geprägt von kritischen Anmerkungen zu erstarrten, heute so für mich und viele junge und alte Menschen nicht mehr nachvollziehbaren Kirchenstrukturen. Von daher liegen auch für mich hohe Erwartungen auf dem Prozess des Synodalen Weges zur Reform der katholischen Kirche in Deutschland.

Anba Damian wurde 1955 in Kairo geboren. Er arbeitete zunächst als Arzt, entschied sich aber 1991 für das mönchische Leben. Seit 1992 ist er als Seelsorger für die koptischen Christen in Deutschland. 1993 übernahm die koptische Kirche vom Land NRW die verfallene Anlage des Zisterzienserinnenklosters in Höxter-Brenkhausen, die seither restauriert und zum Gästehaus aus- und umgebaut wird. 1995 wurde Damian in Kairo zum Generalbischof der Koptisch-Orthodoxen Kirche von Deutschland geweiht und 2013 zum Diözesanbischof für Norddeutschland ernannt.

Wozu sind Sie da, Bischof Damian?

Als wir eingeladen worden sind, nach Höxter-Brenkhausen zu kommen, um eine Klosteranlage anzuschauen, wussten wir nicht, wo Höxter überhaupt ist. Wir kamen in ein Gebiet, wo es keine Kopten gibt und wir hatten keine Kenntnisse der Denkmalvorschriften. Nach dem ersten Gespräch in der Denkmalbehörde zogen sich die Beamten zurück, schlossen die Türen und haben nicht aufgehört zu lachen über die Antworten der Menschen aus der Wüste. Aber wir kamen mit sehr viel Gottvertrauen und der Überzeugung, dass Gott sein Haus baut und wir nichts anderes als Werkzeuge Gottes sind.

Das Thema Bauen ist inzwischen ein Nebenprodukt geworden. Mittlerweile sind wir sehr mit der Pflege der ökumenischen Beziehungen und zu den eigenen Schäfchen beschäftigt. In den letzten Jahren sind viele Flüchtlinge gekommen, um die wir uns umfassend gekümmert haben. Wir mussten ihnen neben vielen Vorschriften auch beibringen, das Herz für die anderen Konfessionen zu öffnen und ihnen zeigen, dass die Welt nicht nur aus einer koptischen Kirche besteht, sondern dass die Welt der Christenheit sehr vielfältig ist.

Hier in Brenkhausen spricht niemand von „ich", sondern nur von „wir". Die koptische und die katholische Gemeinde bilden eine Familie, wir haben niemals die Absicht, einander zu übergehen, wir respektieren einander, wir lieben einander, wir vertrauen einander, ergänzen einander, vertreten einander. Ich bin der Meinung, wenn wir einander respektieren, dann respektiert uns die Welt. Wenn wir einander schätzen, werden wir auch dasselbe von der Welt erfahren. Aber wenn wir einander kaputt machen, werden wir auch von der Welt kaputt gemacht. Daher bin ich sehr gottfroh, dass wir dieses Gebäude übernommen haben. Hier ist Gott wirklich der Bauherr. Durch dieses Kloster sind Begegnungen möglich. Unvergessen ist mir die zwischen Papst Schenuda II. und Erzbischof Degenhardt. Das war so eine Herzlichkeit und Liebe, die mich wahrhaftig überzeugt hat, dass die vollständige Einheit der Kirche unmittelbar bevorsteht. Von daher bin ich sehr froh, dass ich eine Brücke zu meinem Heimatland und zu meiner Konfession öffnen kann.

Ich verstehe meinen Dienst als Bischof so, die Samenkörner der Liebe zu säen und heute dürfen wir die Früchte ernten.

Sehr oft habe ich gedacht, warum lässt du mich, oh Herr, die ganze Energie in so einem Dorf opfern, warum nicht in Berlin oder einer anderen großen Stadt? Aber in der Zwischenzeit kann ich sagen: Ich liebe dieses Kloster, ich liebe dieses Dorf und ich möchte bis zum Ende meines Lebens Gott hier dienen und wenn es geht, wenn er mir erlaubt, möge das auch meine Ruhestätte sein.

Stefanie Fix ist Friseurmeisterin und führt den Familienbetrieb seit 22 Jahren erfolgreich in dritter Generation weiter. Sie ist verheiratet, hat zwei Kinder und ist im Leitungsteam der kfd Liebfrauen aktiv.

Wozu sind Sie da, Frau Fix?

Ich bin Selbstbewusstseinsverstärker, Sorgenfresserchen und Diskussionspartner. Als Friseurin bin ich natürlich auch ganz klassische Handwerkerin, aber all diese Bestandteile gehören zu meinem Beruf. Es gibt Kunden, die gerne schweigend genießen, während sie fachkundig verschönert werden. Aber ebenso viele, die richtig Spaß daran haben, in ihrem Friseur einen Diskussionspartner zu finden.

Ich bin Friseurmeisterin in der dritten Generation und so von klein auf damit groß geworden. Meinen Vater habe ich manchmal schon bewundert, wenn er den ganzen Tag über verschiedenste Themen mit den Kunden sprach und auch bei frauenspezifischen Themen nicht passen musste. So kommt in meinem Beruf vieles zusammen: Das reicht vom fachlichen Können, das stets weiter geschult werden muss, über die profunde Allgemeinbildung, die auch die tägliche Zeitungslektüre beinhaltet, bis zu dem Gefühl für Menschen, das in seinen Anlagen schon zum Ausbildungsbeginn vorhanden sein muss.

Man hat sein Ohr immer bei den Menschen, ob Teenager, Rechtsanwalt oder Rentner. Da erfährt man vieles, da muss man sich auskennen und verschwiegen sein. Das gilt ebenso für mich selbst wie für alle Mitarbeiter, die im Salon oder dem Geschäft im Altenzentrum Liebfrauen tätig sind. Viele haben bereits ihre Ausbildung bei mir durchlaufen und kommen auch, nachdem sie selbst Mütter geworden sind, gerne zurück.

Ich bin jetzt seit 22 Jahren selbstständig und habe dabei, als Handwerkerin, Unternehmerin, Ehefrau und Mutter zweier Kinder vieles durchgestanden. Daher ist mir auch der Wert des Teams besonders bewusst. Ich habe immer ausgebildet und gebe dabei neben dem fachlichen Können auch die zwischenmenschlichen Werte weiter. In dieser Zeit sind zwischen Kunden und mir auch echte Freundschaften entstanden, doch da gehört ein hohes Maß an Professionalität dazu. Sobald mir ein Kunde etwas anvertraut, ist es absolut sicher.

Mit vielen Kunden wird man auch gemeinsam älter, man begleitet ihr Leben, was verbindet. Nicht jeder Tag ist einfach und wenn es wirklich anstrengend ist, tragen einen die Kunden auch mal weiter. Dazu kommen die Kreativität und viele andere Gründe, die mir immer aufs Neue die Freude an meinem Beruf schenken. Wenn man dann abends nach Hause kommt und mit der Familie isst, so weiß man, was man geleistet hat.

Jürgen Fortmann ist 51 Jahre alt und lebt in Rheda-Wiedenbrück. Seit 2001 leitet er die Bäckerei am Kiebitzhof, die zur Wertkreis Gütersloh gGmbH gehört. Jürgen Fortmann ist verheiratet und hat drei Kinder.

Wozu sind Sie da, Herr Fortmann?

„Ich backe Brot!" Drei einfache Worte, die beschreiben, was ich tue. Ein kurzer Satz, der wohl bei den meisten eine ganze Kette von Assoziationen auslöst. Das „täglich Brot" steht stellvertretend für alle Lebensmittel, die der Mensch braucht. Ein Wort mit so vielen Bedeutungen und es bezeichnet ein faszinierendes Nahrungsmittel.

Das stelle ich immer wieder aufs Neue fest. Die Ofentür öffnet sich und man ist auch nach vielen Berufsjahren noch gespannt, wenn man die frischen Brote herauszieht: Es duftet und schon der Anblick macht Appetit. Nach dem Abkühlen nimmt man die Laibe gern in die Hand. Das Knistern, wenn man auf die Kruste drückt, klingt fast wie Musik!

In Deutschland haben wir eine lange Brot- und Backkultur. Es heißt ja immer, bei uns gäbe es weltweit die meisten Brotsorten. Ich entwickele selbst gern neue Rezepte und probiere sie aus. Und wenn wir unterwegs sind, bin ich immer neugierig, was in anderen Regionen und Ländern so gebacken wird. Doch auch die raffiniertesten Variationen gehen auf drei einfache Zutaten zurück: Mehl, Wasser und Salz. Ein Sauerteig daraus ergibt ein Brot, das gerade wegen seiner Einfachheit wunderbar schmeckt!

Nach der Schule ein Handwerk zu lernen stand für mich fest. Mit Holz und Metall hatte ich es nicht so, aber backen konnte ich gut. Zuerst habe ich eine Konditor-Lehre gemacht, anschließend die Bäcker-Ausbildung und dann die Meister-Prüfung abgelegt. Heute leite ich eine Bäckerei, die neben Brot und Brötchen noch viele weitere Produkte herstellt.

Wir sind ein Bio-Betrieb und gehören zu einem sozialen Dienstleistungsunternehmen, das Menschen mit und ohne Behinderung beschäftigt. Beides hat viel mit Wertschätzung und Verantwortung zu tun – für die Frauen und Männer, die hier arbeiten, und für die Zutaten, die wir verwenden. Das Miteinander läuft nicht immer reibungslos, aber in welchem Betrieb ist das schon so? Dafür lernt man hier, sich auch über kleine Erfolge zu freuen.

„Probieren Sie mal!" Wir sind viel auf Messen vertreten, wo wir unsere Erzeugnisse vorstellen, und es ist immer wieder schön zu sehen, was dieser Satz auslöst: Man kommt ins Gespräch, man fachsimpelt und natürlich freut man sich auch über Lob. Gerade wenn man die Rezepte selbst entwickelt hat. Ein Rezept für Schwarz-Weiß-Gebäck geht sogar noch auf meine Mutter zurück.

Dass heute wieder so viel selbst gebacken wird, finde ich klasse, auch wenn dieser Trend das Bäcker-Handwerk vielleicht den ein oder anderen Kunden kostet. Überhaupt ist es gut, dass die Zeit, in der Brot und Backwaren in erster Linie billig zu sein hatten, vorbei zu sein scheint. Trotzdem landen aber immer noch zu viele Lebensmittel im Müll!

Und wenn mal etwas beim Backen nicht so hinhaut, wie man sich das vorgestellt hat, dann sollte man daran denken, dass da vielleicht noch etwas im Spiel ist, was über die Lebensmittel-Chemie hinausgeht. Und das genau ist das Faszinierende!

Willi Aufenberg (87), Pfarrer i. R., ist nach Stationen in Hamm und in Derne nach Lünen-Süd gekommen, um zu bleiben. Er mag am Ruhrpott, dass die Menschen „schnell zur Sache kommen und Klartext reden“. 2019 hat er sein diamantenes Priesterjubiläum gefeiert. Ohne sich als Künstler zu sehen, hat er Spaß daran „biblische Bilder anschaulich zu machen.“

Wozu sind Sie da, Herr Aufenberg?

Bereits über die Hälfte meines Lebens, seit 1975, bin ich schon in meiner Gemeinde „Heilige Familie“ in Lünen-Süd. Nach meinem Ruhestand bin ich einfach hiergeblieben. Meine Aufgabe ist es, Menschen zu begleiten, im Glauben und im Leben. Seelsorge lässt sich für mich mit Begleitung übersetzen.

Dankbar bin ich für die Begleitung, die ich selbst erfahren habe. Mein Dank gilt allen, die in der Gemeinde mitarbeiten – sei es haupt- oder ehrenamtlich. Ich danke auch allen, die mir freundschaftlich verbunden sind und mir nahestehen.

Freundinnen und Freunde sind gute Begleiter und letztendlich haben wir alle die Begleitung von oben. Oder um es mit dem Versprechen Jesu zu sagen: Ich bin bei euch alle Tage bis zur Vollendung der Welt.

Beide Wege, also der Lebens- und der Glaubensweg, sind ja untrennbar miteinander verknüpft. Durch meine lange Anwesenheit in der Gemeinde kenne ich manche Menschen bereits ihr ganzes Leben und kann sie besser verstehen, weil ich zum Beispiel auch über familiäre Zusammenhänge Bescheid weiß. Manche Leute habe ich getauft, dann lange nichts gehört und zur Trauung tauchen sie wieder auf. Andere begleite ich bei Krankheiten, im Sterben oder unterstütze die Trauernden. Seit ich im Ruhestand bin, bin ich nicht mehr in einem Terminkorsett eingebunden, habe mehr Freiraum und kann mir mehr Zeit nehmen. Bei Begleitung lassen sich die Zeitpunkte nicht vorherbestimmen.

Wobei begleiten auch immer ein Geben und Nehmen ist und auf Gegenseitigkeit beruht. Beim Begleiten gibt es keine Vorgaben, im Prinzip ist das eine gemeinsame Suchbewegung. Auf der Suche war ich auch. Nach dem Abitur mit den Schwerpunkten Mathe und Naturwissenschaften habe ich eine Schlosserlehre angefangen und dann Theologie studiert, einfach, weil es mich interessiert hat. Das Zweite Vatikanische Konzil war und ist meine Prägung für die Gemeindearbeit. Vieles hat sich im Laufe der Zeit verändert.

Als ich angefangen habe, gab es zum Beispiel noch keine Gemeindereferenten und Gemeindereferentinnen. Das war überhaupt nicht vorstellbar. Heute ist das selbstverständlich, zum Beispiel auch, dass eine Frau beerdigt. Da wird schon mal über die katholische „Pastorin" gesprochen und das positiv wahrgenommen. Das sind alles erfreuliche Entwicklungen; von außen sehen die Menschen oft die Unterschiede, die wir innerhalb der Kirche machen, nicht so. Meines Erachtens hat die Kirche schon viele Fortschritte gemacht. Am auffälligsten waren sicher die gottesdienstlichen Reformen. Wer weiß, was noch kommt. Vielleicht kommen ja nach dem ständigen Diakonat der Männer auch Ämter für Frauen. Manchmal muss die Realität einen Schub vorgeben und dann theologisch eingeholt werden. Aber ob ich das noch erlebe, weiß ich nicht.

Hildegard Giefers, Jg. 1926, ist verwitwet, sie hat vier Kinder, drei Enkel und vier Urenkel. Über Jahrzehnte hat sie als Zweigvereins- und Diözesanvorsitzende den Katholischen Deutschen Frauenbund (KDFB) begleitet. Außerdem war sie in Paderborn und auf Landesebene Vorsitzende der Arbeitsgemeinschaft der Frauenverbände. In ihrer „Freizeit“ erledigte sie die Buchführung für die Praxis ihres Mannes. 2002 erhielt sie das Bundesverdienstkreuz für ihren gesellschaftspolitischen Einsatz. Ihre Gedanken fasst sie nach wie vor in Gedichten und Geschichten zusammen.

Wozu sind Sie da, Frau Giefers?

„Die Frage nach des Lebens Sinn / findet Antwort im ‚Geh hin!‘ / Frage, wo zu stützen ist, / wage, wo zu schützen ist, / sage, was zu sagen ist, / und fürchte dich nicht. / Geh hin!“

In diesem Gedicht habe ich zusammengefasst, was mir immer wichtig war. Als Jugendliche waren wir folgsame Christen. Wir gingen auch werktags in die Kirche und regelmäßig zur Beichte. Im Religionsunterricht meiner Kindheit und Jugend wurde uns der strafende Gott vorgeführt. Je älter ich wurde, desto mehr wurde ich zu einer überzeugten Christin – aus meiner Lebenserfahrung und vielen Begegnungen heraus. Ich habe mich immer gesellschaftspolitisch engagiert, weil ich glaube, dass wir das als Christen tun müssen. Wir haben so viel zu sagen, aber die Gesellschaft schwappt über uns hinweg. Das können wir nicht zulassen. Manchmal höre ich in Sendungen Spott über das Christentum und die Gläubigen, das empört mich. Gut erinnere ich mich an ein Gespräch in einem Ministerium in Bonn, an dem ich als Diözesanvorsitzende des KDFB teilnahm und dort angeregt habe, den Ehrenamtlichen in den Verbänden eine kleine Vergütung zu geben, so wie es damals die Ehrenamtlichen in den Sportverbänden bekamen. Unser Gesprächspartner fragte, was denn diese Verbände für die Gesellschaft tun. Sie gehörten doch wohl zur Kirche, daher solle die Kirche das Geld geben. Da habe ich mir nur gedacht: Der ist falsch hier, der hat keine Ahnung vom Wirken der Verbände in die Gesellschaft hinein. Dieser Ärger hat mich noch mehr dazu inspiriert, mich gesellschaftspolitisch zu engagieren und ich habe mich zur Landesvorsitzenden der AG der Frauenverbände wählen lassen.

Zu dieser AG gehörten alle Frauenverbände, nicht nur die katholischen. Als Mitglied im Vorstand des Landesfrauenrates NRW leite ich dort den Ausschuss Familie. Diese Arbeit hat mir viel Freude gemacht, ich habe viel gelernt, auch bei Seminaren in den Bildungshäusern, in Hardehausen, auf der Hegge oder im Franz-Hitze-Haus in Münster. Auch war mir immer wichtig, die Öffentlichkeit über unsere Arbeit zu informieren. Bis heute denke ich bei manchem Bittgebet in der Kirche: „Ihr Gläubigen, tut es doch selbst! Wozu seid Ihr denn da?" Vieles, vieles können wir selbst tun, wenn wir uns als Christen vernetzen würden.

Was mir heute besonders am Herzen liegt, ist allgemeine Ungerechtigkeit und das Thema Sterbehilfe. Das Urteil des Bundesverfassungsgerichtes im März dieses Jahres hat mich sehr empört. Ich freue mich aber über die eindeutige Stellungnahme der Kirchen. Auf den Nägeln brennt mir auch die Inaktivität vieler Senioren. Einige werden nicht mehr richtig angesprochen und geistig unterernährt. Demenzvorbeugung bestimmt dann denSeniorentreff. Wo bleiben Informationen über das Tagesgeschehen? Wir müssen auf dem Laufenden bleiben, um im Gespräch mit Enkeln und Urenkeln gefragt werden zu können. Auch alte Menschen haben Ressourcen, auf die wir nicht verzichten können.

Dominicus Meier OSB (61) stammt aus Finnentrop. Er hat im Kirchenrecht promoviert, war zwölf Jahre Abt der Abtei Königsmünster und ist seit 2015 einer von drei Weihbischöfen in Paderborn.

Wozu sind Sie da, Weihbischof Dominicus?

Man definiert sich ja immer über Aufgaben und ich habe drei. Ich bin Weihbischof, Leiter des Offizialates und Beauftragter der Deutschen Bischofskonferenz für die katholischen Ostkirchen. Bei allen Aufgaben sind mir Begegnungen wichtig, um Brücken zu bauen.

Als Weihbischof bin ich vor allem auf Firmreisen unterwegs, es sind etwa 120 im Jahr. Die jungen Firmbewerberinnen und -bewerber sind in einer Phase großer Veränderungen, sie werden dauernd bewertet, in Schulen, bei Bewerbungen, in den sozialen Medien. Die Firmung ist für mich die Gelegenheit, ihnen zu sagen: Wie du jetzt geworden bist, ist es erst einmal gut – aber es ist kein Endpunkt. Der Geist Gottes ermutigt, nach vorn zu schauen und deine Begabungen einzusetzen, damit zu wuchern. Wegen Corona sind derzeit Firmgottesdienste abgesagt, seit Monaten fehlen mir genau diese Kontakte. Mir fehlen die Gespräche und die Gelegenheiten, Interesse an den jungen Menschen zu zeigen.

Zu den Firmreisen gehören häufig auch die Visitationen, also die Gespräche in den Gemeinden. Da ist es mir wichtig, zu schauen und zu fragen: Was macht ihr zurzeit? Wir sprechen viel vom Zukunftsbild, aber wie wird in den Gemeinden Zukunft gestaltet? An vielen Stellen ist Trauerarbeit zu leisten, viele sehen erst mal die Defizite, aber noch nicht das Positive, das werden kann. In den Gesprächen mit den Gremien geht es oft um sehr konkrete Fragen: Wortgottesdienst mit oder ohne Kommunionfeier, bekommen wir noch einen neuen Pastor, warum dauert es bei abgeschlossenen Baumaßnahmen mit der Endabrechnung? Das sind für mich manchmal mühsame Gespräche, weil es oft dieselben Themen sind, aber für die Gemeinde sind sie wichtig. Und ich erlebe viele Aufbrüche, die mir persönlich Mut machen.

Im Offizialat sind wir zuständig für die Annullierung von Ehen. Wir fragen, ob die Ehe überhaupt gültig zustande gekommen ist. Hier sitzen Menschen, die einen Bruch in ihrer Biografie haben. Natürlich wird es irgendwann juristisch, aber zunächst gilt es, sorgsam zu sein. Das ist auch eine seelsorgliche Aufgabe.

Schließlich als Beauftragter der Deutschen Bischofskonferenz für die katholischen Ostkirchen erlebe ich noch mal eine ganz andere Welt. In Deutschland haben wir unter „katholisch" 14 eigene Rituskirchen. Stellen Sie sich vor, Sie werden aus Ägypten vom IS vertrieben, die halbe Familie wurde getötet. Nun sind Sie irgendwie nach Europa gekommen und suchen natürlich nach Vertrautem. Für viele ist das die Religion, die Liturgie. Dafür bin ich zuständig und versuche, Kontakt zu halten und Geistliche zu finden, die in ihrer Sprache, in ihrem Ritus Liturgie feiern können.

Also, in allen Aufgaben heißt es stützen, helfen, begleiten. Na ja, irgendwie hat das mit mir zu tun.

Antonio Noack (57) kommt aus einer traditionsreichen Schaustellerfamilie, er selbst ist im Wohnwagen geboren. Er betreibt drei Fahrgeschäfte: einen Musikexpress, ein historisches Riesenrad und ein Pferdekarussell, die eigentlich alle zu Libori im Einsatz sind. Das Pferdekarussell läuft derzeit im FunDOmio in Dortmund. Das Foto zeigt ihn in dem Lkw, in dem Teile des Musikexpress eingelagert sind.

Wozu sind Sie da, Herr Noack?

In erster Linie bin ich für meine Familie da, die ich ernähren muss. Und ich bin für meine Fahrgäste da. Kirmes heißt ja Spaß und ich freu mich immer, wenn die Leute, die bei uns Karussell fahren, mit einem lachenden Gesicht aussteigen. Dann weiß ich, dass ihnen die Fahrt gefallen hat. Viele meiner Gäste kenn ich seit Jahren, manchmal kommen welche, die schon als Kinder bei mir gefahren sind und stellen mir ihre Kinder vor. Oft höre ich, dass Eltern zu ihren Kindern sagen: Bevor du im Auto fahren darfst, setz dich erst mal aufs Pferd, das hab ich früher auch gemacht.

Wir Schausteller sind ja auch irgendwie Animateure, wir haben ein Mikrofon in der Hand und müssen die Leute animieren, damit sie kommen und einsteigen und dann verabschieden wir sie auch wieder. In dieses Gewerbe bin ich reingewachsen. Als ich 13, 14 Jahre alt war, meinte mein Vater, ich sei im arbeitsfähigen Alter und ab da musste ich mit ran. Mit 16 habe ich den Führerschein Klasse 4 gemacht und durfte einen Hanomag mit Anhänger steuern. Damit bin ich von Platz zu Platz gefahren. Ich hätte sicher auch einen anderen Weg einschlagen können, doch das hätten meine Eltern entscheiden müssen. Für mich war es aber klar, ich kannte ja auch nichts anderes und es ist ein schönes Leben. Bei unseren Töchtern ist es ähnlich, aber da achten meine Frau und ich darauf, dass sie Ausbildung machen. Denn der Schaustellerberuf ist heute nicht mehr so wie früher. Deutschland hat ein anderes Sicherheitsgefühl, unsere Karussells sind die sichersten Karussells der Welt. Das ist gut so, aber es hat uns viel Geld gekostet.

Und jetzt auch noch Corona: Das bedeutet für uns den absoluten Alptraum. Null Einnahmen seit dem 30.12.2019. Da war die Saison für uns zu Ende und die neue hat gar nicht erst begonnen. Wir fühlen uns von der Politik ungerecht behandelt, denn vieles ist wieder erlaubt, aber Volksfeste noch nicht. Dass die nicht so stattfinden können wie früher, ist klar, aber kleine Feste unter gewissen Auflagen wären bestimmt durchführbar. Volksfeste müssen wieder ans Rollen kommen, egal wie, da geht es auch um eine über 1200-jährige Tradition in diesem Land. Die stirbt sonst.

Die ganze Situation, dieses Nichts-tun-Können geht mir echt aufs Gemüt. Ich bin ja sonst ständig unter Leuten und im Trubel. Nun bin ich noch erster Vorsitzender des lippischen Schaustellervereines, da kümmern wir uns im Moment viel um unsere Kollegen. Und wir spitzen gerade unsere Abgeordneten an. Wir haben kein regelmäßiges Einkommen. Es gibt Monate, die schlecht laufen, und solche, die gut laufen. Deswegen muss es für uns einen speziellen Rettungsschirm geben. Viele sagen uns, wir sollten die Grundsicherung nehmen. Aber das wollen wir nicht. Wir Schausteller wollen arbeiten für unser Geld. Das ist unser Leben, wir machen das gern!

Dennis Happe ist 33 Jahre alt und Hauptbrandmeister bei der Berufsfeuerwehr Paderborn. Dort ist er unter anderem als Führungsassistent in der Einsatzleitung sowie als Höhenretter aktiv. Außerdem ist er Ausbilder und Dozent an der Feuerwehrschule.

FEUERWEHR
PADERBORN

Wozu sind Sie da, Herr Happe?

Wenn man als Feuerwehrmann und Notfallsanitäter auf diese Frage antworten würde, „um Leben zu retten“, dann wäre das sicher nicht falsch. Mir klingt es aber zu dramatisch, ein bisschen zu sehr nach Heldentum. Wir sehen uns als Profis mit dem Anspruch, immer unser Bestes zu geben. Aber wir sind keine Helden.

„Feuerwehrmann werden“ ist für mich auch kein Kindheitstraum. Mein Berufswunsch hat sich im Laufe der Zeit herauskristallisiert. Allerdings bin ich familiär „vorbelastet“: Meine Mutter arbeitete im Rettungsdienst und ist als Notfallseelsorgerin aktiv, mein Stiefvater ist Leiter der Feuerwehr.

Nach meinem Zivildienst habe ich eine Ausbildung zum Rettungsassistenten (heute: Notfallsanitäter) absolviert. Die ist für alle in der Berufsfeuerwehr Teil der Laufbahn. Daran hat sich dann die Ausbildung zum Feuerwehrmann angeschlossen, die man als Brandmeister abschließt.

Heute kann ich auf jeden Fall sagen, dass ich meinen Traumberuf gefunden habe. Wir sind ein gutes Team hier auf der Wache, jeder kann sich auf den anderen verlassen. Das muss einfach so sein. Die faszinierende Technik spielt ebenfalls eine Rolle. Gleichzeitig zeigt sich aber immer wieder, dass die beste High-Tech-Ausrüstung ohne die richtigen Menschen nichts taugen würde.

Kameradschaft ist ein Begriff, der vielleicht etwas aus der Mode ist, ich finde, er passt trotzdem. Man teilt bei der Berufsfeuerwehr sehr viel miteinander, das ergibt sich schon aus den Arbeitszeiten. An den Tagesdienst von 8 bis 18.30 Uhr schließt sich die Bereitschaft an, die bis zum nächsten Morgen dauert. In dieser Zeit kann alles ruhig sein. Aber wenn es darauf ankommt, muss es schnell gehen, jeder Handgriff muss sitzen! Vieles läuft automatisch, aber jeder Einsatz ist anders, deshalb muss man immer genau wissen, was im Moment das Richtige ist.

Um diesen Standard zu halten, muss man als Feuerwehrmann einiges tun: Fachlich, technisch, sportlich – und nicht zuletzt menschlich. Denn es gibt immer wieder Einsätze, die auch nach zehn oder 20 Berufsjahren sehr belastend sind. Wenn man nicht mehr helfen konnte oder Kinder betroffen sind zum Beispiel. Es ist schön und manchmal ergreifend, wenn sich Menschen bei uns nach einem Einsatz bedanken, oder wenn man Anerkennung bekommt, weil man helfen konnte. Aber da sind eben auch diese Momente, wo man fast verzweifelt, weil keine Hilfe mehr möglich war.

Solche Erlebnisse kann man auch als Profi nicht einfach abschütteln und so tun, als wäre nichts gewesen. Dann ist es gut, wenn man mit anderen reden kann – mit den Kameraden oder mit Notfallseelsorgern. Einer von ihnen, Pfarrer Peter Scheiwe aus Schloß Neuhaus, ist selbst in der Freiwilligen Feuerwehr aktiv. So jemand muss man nicht viel erklären, er weiß, worum es in solchen Momenten geht, und worauf es ankommt. Im vergangenen Jahr bin ich zur katholischen Kirche konvertiert.

Markus Schettke (53) ist Kriminalhauptkommissar in Dortmund. Unter anderem hält er Vorträge rund um das Thema Prävention. Regelmäßig wird er von auch von katholischen Verbänden und Kirchengemeinden eingeladen, um über Trickbetrug, Einbrüche und falsche Polizisten aufzuklären. Aktuell nutzen Täter die Corona-Krise, um ältere Menschen, um ihr Erspartes zu bringen.

POLIZEIPRÄSIDIU

Wozu sind Sie da, Herr Schettke?

Eine Frau hat zu jedem Geburtstag und Muttertag von ihrem Mann ein Schmuckstück aus Gold geschenkt bekommen. 49 Jahre lang bis er starb. Zwei Jahre später stehlen Einbrecher der Witwe den gesamten Schmuck. Der Verlust des Vermögenswerts wiegt schlimm, aber viel tragischer sind die damit verbundenen und geraubten Erinnerungen. Die Dame hat jetzt nichts mehr zum Anfassen, um sich an bestimmte glückliche Tage mit ihrem Mann zu erinnern. Das bricht einem das Herz.

Ich bin dazu da, um Schwächeren zu helfen. Für Menschen und Tiere, die keine Lobby haben. Bei der Kriminalpolizei habe ich mit der Aufklärung von Wohnungseinbrüchen angefangen. Danach wechselte ich zur Wirtschaftskriminalität.

Trotzdem habe ich das Leid der Senioren, bei denen Gold allein aufgrund von ihren Erinnerungen einen unschätzbaren Wert besitzt, nie vergessen. Seit 2010 bin ich nun bei der Prävention. Für mich ist das ein Glücksfall und ein Geschenk, Menschen zu helfen, und zwar bevor sie Opfer von Straftaten werden.

Dabei denke ich nicht nur an die Straftat – z.B. den Einbruch oder den Betrug - an sich, sondern an die weitreichenden Folgen. Viele ältere Opfer sind allein, haben Angst, fühlen sich in den eigenen vier Wänden nicht mehr sicher. Ein Umzug kommt nicht in Frage. Und manchmal müssen sie auch noch Vorwürfe aushalten, wie sie nur so blöd sein konnten, zum Beispiel auf einen Trickdiebstahl reinzufallen. Viele haben keinen Partner oder Kinder, die sie auffangen.

Dabei kann das jedem von uns passieren. Beispiel Enkeltrick: Die Täter bauen dabei einen hohen Druck auf. Und viele Senioren hoffen zum Beispiel, dass die Enkel mal anrufen. Wenn es dann jemand tut, wird dieses Wunschdenken ausgenutzt und am Ende teuer bezahlt. Es gibt so viele bedrückend perfide Maschen. Besonders schlimm finde ich, wenn sich Täter als falsche Polizisten ausgeben. Da wird zusätzlich zur Straftat noch das Vertrauen in die Polizei zerstört.

Ich bin seit 34 Jahren bei der Polizei. Als Kind, ich war sechs oder sieben Jahre alt, haben meine Freunde und ich einen halbtoten Vogel gefunden. Wir haben alle Leute verrückt gemacht bis jemand die Polizei gerufen hat. Die haben den Vogel mitgenommen und damit gerettet. Zumindest damals in meinen Augen. Heute habe ich da so meine Zweifel. Aber damals war das für mich ein einschneidendes Erlebnis und Personalwerbung vom Feinsten.

Diese kleine Anekdote offenbart auch ein zweites wichtiges Thema für mich. Seit sieben Jahren bin ich Vegetarier, und zwar nicht, weil ich kein Fleisch mag, sondern aus ethischen Gründen. Die Massentierhaltung ist einfach fürchterlich. Viele Vegetarier haben einen Missionscharakter, der mir aber fremd ist. Ich habe 46 Jahre Fleisch gegessen und kann über niemanden richten. Trotzdem zahle ich nicht für Tierleid, wenn ich andere zum Beispiel zum Essen einlade, da bin ich konsequent.

Als großer Freund des Zweifels weiß ich nicht, ob es einen Gott gibt oder nicht, aber ich fühle mich sehr mit den christlichen Werten verbunden, wobei man für heute allerdings etwas nachbessern könnte, zum Beispiel bei Gleichgeschlechtlichkeit oder eben in Sachen Tierschutz. Wenn sich mehr Menschen an diese Werte halten würden, hätten wir einen guten Gesellschaftsvertrag.

Lorenz Deck ist 27 Jahre alt und seit über zehn Jahren bei den Caritas-Werkstätten Paderborn beschäftigt. Momentan arbeitet er in der Betriebsstätte am Merschweg in Schloß Neuhaus.

Wozu sind Sie da, Herr Deck?

Ich habe immer ganz viele Geschichten im Kopf und denke mir etwas Neues aus. Ich bin dazu da, um zu schreiben. Das Schreiben ist für mich eine richtige Leidenschaft. Lesen und Schreiben kann ich richtig gut. Nach der Arbeit setze ich mich an meinen PC und lege los. Angefangen habe ich mit Kurzgeschichten, eine davon hieß „Die acht elementaren Planeten“ und daraus wurde dann sogar mit Christa und der Theatergruppe ein Theaterstück gemacht, dass dann auch vor Publikum aufgeführt wurde. Auch in unserem Werkstattmagazin, das zweimal im Jahr erscheint, sind schon Geschichten von mir erschienen. In den Caritas-Werkstätten mache ich auch in der Zeitungs-AG mit, weil mir das einfach Spaß macht.

Bei meiner Arbeit stecke ich Bilderrahmen zusammen. Dabei denke ich schon an meine Geschichten. Mir fällt immer wieder etwas Neues ein. Im Moment schreibe ich einen Roman. Vierzehn Kapitel habe ich schon fertig. Durch den Corona-Lockdown waren die Werkstätten ja zu und es gab dann so ein Projekt „Meine Zeit während Corona“ und da habe ich dann viel geschrieben. Der Hauptcharakter heißt Lasi und er muss böse Menschen daran hindern, die Welt zu zerstören. Lasi erlebt ein großes Abenteuer und findet natürlich im Laufe des Buches einige Freunde, die ihm bei seiner großen Aufgabe helfen.

Ich schreibe immer ungefähr ein bis zwei Kapitel in der Woche, die dann meine Gruppenleiter lesen. Durch das Mitlesen bekomme ich schon viele positive Rückmeldungen. Alle finden die Geschichte spannend wie einen Krimi.

Wenn ich nicht gerade schreibe oder mich um meine gestreifte Katze Kitty kümmere, die bei mir wohnt, schaue ich gerne Fernsehen. Animes gefallen mir besonders gut. Das sind in Japan produzierte Zeichentrickfilme. Die Trickfilmproduktionen kann man nicht mit unseren westlichen Trickfilmen, die ja oft nur für Kinder gemacht sind, vergleichen. Die Animes sind komplexer und vielschichtiger, um auch alle Altersgruppen anzusprechen. In Japan gehören Animes sogar zur Kultur.

Im Laufe der Filme entwickeln die Helden oft ihren eigenen Charakter. Das ist wie in meinen Büchern. Mein Hauptcharakter Lasi wächst auch an den Aufgaben, die er bestehen muss, um die Welt zu retten.

Bei Autoren sind ja immer die ersten Sätze wichtig, damit die Leute weiterlesen. Mein Anfang geht so:

„Klopf klopf!", machte es an Lasis Schlafzimmertür. „Herein!", sagte Lasi, als er noch im Bett lag. Dann öffnete sich Lasis Schlafzimmertür und Lasis Mutter trat dann in Lasis Zimmer ein. „Das Frühstück ist fertig!", sagte Lasis Mutter. „Was? Frühstück? Lecker!", sagte Lasi und stand dann auf und dann verließen Lasi und Lasis Mutter Lasis Zimmer und gingen dann nach unten ins Erdgeschoss in die Küche. „Oh! Da seid ihr ja endlich!", sagte Lasis Vater, der schon am Küchentisch saß. „Man! Sieht das lecker aus!", sagte Lasi, als er sah, dass es zum Frühstück Aufschnitt und Brötchen gab und dann setzten sich Lasi und Lasis Mutter am Tisch hin. „Was liest du da in der Zeitung?", fragte Lasi, als er sah, dass sein Vater was in der Zeitung las. „Ein Artikel über ein Kampfturnier, das heute hier im Dorf Meiche stattfinden soll!", sagte Lasis Vater. „Was? Ein Artikel über ein Kampfturnier? Gib mir mal die Zeitung her!", sagte Lasi und riss dann von den Händen seines Vaters die Zeitung weg. „Meine Damen und Herren! Heute findet hier im Dorf Meiche am nördlichen Dorfrand um 18.00 Uhr ein Kampfturnier statt, bei dem die stärksten Kämpfer auf der ganzen Welt gegeneinander kämpfen werden!", las Lasi in der Zeitung. „Und? Möchtest du da teilnehmen?", fragte Lasis Vater. „Ja, und wie!", sagte Lasi. „Bist du dir da wirklich sicher?", fragte Lasis Mutter. „Ja, das bin ich!", sagte Lasi.

Ingrid Gräfin Droste zu Vischering (78) gründete 1977 die Ortsgruppe Höxter des Kinderschutzbundes und war maßgeblich daran beteiligt, dass 1994 im Kreis Höxter ein Frauen- und Kinderschutzhaus unter der Trägerschaft des SkF eröffnet wurde. Sie war 20 Jahre Vorsitzende der kfd im Dekanat Höxter-Corvey, um nur drei Beispiele ihrer vielseitigen ehrenamtlichen Tätigkeit zu nennen.

Wozu sind Sie da, Gräfin Droste zu Vischering?

Eine Anekdote ist mir besonders in Erinnerung geblieben. Da klingelte bei uns zu Hause das Telefon und mein jüngster Sohn, gerade fünf Jahre alt, meldete sich mit den Worten: „Meine Mutter ist nicht da. Die ist gerade katholische Frauen verbinden." Gemeint war wohl, dass ich mit der kfd unterwegs war. Eigentlich hatte er ja auch Recht, weil Verbandsarbeit die Menschen miteinander verbindet. Bei mir ist das schon seit über 50 Jahren so.

Als Kriegskind im Ruhrgebiet geboren, gehört es für mich einfach zum Leben dazu, aufzupassen, wachsam zu sein, um zu schauen, wie es anderen geht oder wer Hilfe benötigt. Mit 14 Jahren war ich jeden Sonntag in Hamm im Krankenhaus auf Station und habe da mitgeholfen, Essen auszuteilen.

In all der Zeit hatte ich nie ein Problem mit der Institution Kirche. Mir geht es um die Frage: „Was ist die Botschaft Jesu?" Deswegen habe ich die Liturgiereform dankbar registriert, da endlich meine Sprache gesprochen wurde. Die neuen geistlichen Lieder haben mich sehr begeistert. Das war so schön, Gitarrenklänge in der Kirche zu hören! Ich bin Volksschülerin, mein Vater war einfacher Angestellter und für den Besuch des Gymnasiums reichte das Geld nicht. Beim „Westfälischen Anzeiger" in Hamm habe ich dann eine Ausbildung zum „Industriekaufmann" gemacht. Da lachen meine beiden Söhne heute noch und sagen zu mir: „Mensch, Mama! Du als engagierte Frau, warum hast du dich nicht gewehrt?", aber damals hieß das eben so, die „Kauffrau" gab es noch nicht. Mein Mann war Azubi im Bankhaus Lampe in Münster, über die Arbeit lernten wir uns kennen. Uns verbindet eine hinreißende Liebesgeschichte, die ich aber nicht verrate. Er hat mich immer unterstützt und mir meine Freiheit gelassen, dafür bin ich ihm sehr dankbar.

Wir sind dann nach Lütmarsen, an den Stadtrand von Höxter gezogen. Bei uns waren Standortpfarrer der Bundeswehr, die eine besondere Perspektive brachten. Auch durch die Wallfahrten nach Lourdes, Fátima und Audienzen in Rom, wo 1975 Maria Gräfin Droste zu Vischering, Ordensfrau „vom guten Hirten" – eine Vorfahrin meines Mannes – seliggesprochen wurde, sehe ich unsere Kirche nicht nur als deutsche Kirche, sondern viel mehr als Weltkirche, die offen für andere Kulturen ist.

Offenheit ist ein wichtiges Stichwort: Bei den von mir angestoßenen Projekten ist es mir immer darum gegangen, Probleme zu erkennen, zu recherchieren, zu informieren und Gleichgesinnte zu finden. Meine Neugierde und meine Wachsamkeit für die Sorgen und Nöte meiner Mitmenschen haben mich angetrieben. Wenn dann etwas gut lief, war ich gerne bereit, die Verantwortung abzugeben. Es ist mir immer gelungen, gute Nachfolger zu finden.

Im Leben muss man einfach loslassen können, damit Neues kommt. Wir leben jetzt in der Stadt und sind jetzt mehr und mehr für die Familie da. Königin Silvia von Schweden hat mal gesagt: „Enkelkinder sind das Dessert des Lebens." Das stimmt. Unseren sechs Enkeln schenken wir Zeit und Zuwendung, verwöhnen Sie gerne und unternehmen gemeinsam Ausflüge. Die kleine Eloïse und ich spazieren gerne durch Höxter, erobern Spielplätze und besuchen den Hänsel-und-Gretel-Brunnen. Da spielt sie immer „Haare kämmen" und schimpft mit der bösen Hexe. Das ist einfach zu herrlich und wir sammeln viele neue Anekdoten.

Als Kabarettist, Schriftsteller, Kinderbuchautor, Filmemacher beschäftigt sich der Kleinkünstler mit dem scheinbar Alltäglichen und entdeckt Erstaunliches. Auf erwingrosche.de gibt es aktuelle Infos und Termine.

RUNDWEG
RUNDWEG
WELTMEISTER

Wozu sind Sie da, Herr Grosche?

Das weiß ich zum Glück nicht genau. Ich bin ein Suchender und bleibe dies auch bis zum letzten Tag. An vielen Dingen, die andere Menschen begeistern, besitze ich nur eine theoretische Freude, wie zum Beispiel Urlaub machen oder Feste feiern. Da verhalte ich mich eher still und zurückhaltend. Das festzustellen war ein langer quälender Prozess. Ich genieße einfach meinen Alltag, das ist wichtig und das liegt mir, geplante Ferien und Feiern hingegen sind für mich unnormal. Ich bin gerne da, wo ich jetzt bin. Paderborn war, ist und bleibt eine schöne Stadt.

Genau hier bin ich auf der Suche nach Wahrheit im Alltag. Dabei sind die kleinen scheinbar unwichtigen Dinge Gegenstand meiner Arbeit. Mein Hund hat mir dabei auch neue Welten eröffnet. Manche Leute reagieren erfreut und andere empfindlich, dieses unmittelbare Erleben im Augenblick gefällt mir. Oft liegt die Wahrheit dort verborgen und ich finde auch Exotisches. Ich mag einfach das herrlich Unperfekte, weil wir uns dann selber hinterfragen. In meinen Büchern oder auf der Bühne verändere ich die Wirklichkeit, ohne den Kern zu verfälschen.

Neulich an einem hektischen Samstag, kurvte ich unschlüssig über den Parkplatz eines Getränkeladens. Ich war noch ganz unschlüssig, ob ich jetzt da rein wollte oder eben nicht, weil es so voll war. Da schnappte mir jemand den Parkplatz weg. Das hat natürlich meine Entschlusskraft bestärkt. Als dann ein anderer Parkplatz frei wurde, bin ich rein und habe den „Parkplatzdieb“ beim Anstellen an der Kasse wiedererkannt. Ich fragte: „Hat Ihnen das jetzt richtig gutgetan?“ Da habe ich erst gesehen, dass er auch noch ein Priester war. Er antwortete ganz trocken: „Sie hatten nicht geblinkt.“ Da hatte er natürlich Recht, ich hatte mich ja noch gar nicht entschieden. Daraufhin haben der Priester, der Kassierer und ich über das Komische an der Situation herzlich gelacht und so aus einer potenziellen Konfliktsituation etwas Schönes zum Lachen geschaffen, weil Humor verbindet.

Wir – als Menschen und als Künstler – haben nicht immer Recht und erst Recht kein Recht auf absolute Wahrheit. Bei Autoren wie Margot Käßmann oder Anselm Grün ist immer alles so gnadenlos perfekt. Da stelle ich mir die Frage: Verpasst man da nicht etwas? Ist es nicht schöner, ein Suchender zu sein als ein Finder, der bereits die Wahrheit gefunden und abgeschlossen hat?

Auch die Lösung vieler Probleme, die uns auf der Welt beschäftigen, beginnt im ganz Kleinen. Wenn ich zum Beispiel Scherben auf der Straße liegen sehe, räume ich sie weg, bevor ein Hund sich verletzt oder jemand einen platten Fahrradreifen bekommt. Oder die Frau, die am Lippesee spazieren geht und fremden Müll aufsammelt. Einfach so, weil sie sowieso da hergeht. Solche scheinbaren Kleinigkeiten schaffen ein Bewusstsein und knüpfen ein Band, das sich dann um die Welt spannt. So können wir alle gemeinsam die Welt zum Guten verändern, wenn wir einfach im Kleinen damit beginnen. Deswegen bin ich auch Pate des Gymnasiums St. Michael, die als „Schule ohne Rassismus – Schule mit Courage" ausgezeichnet wurde. Da gebe ich gerne meinen Namen, damit solche tollen Projekte mehr Aufmerksamkeit bekommen. Aufmerksamkeit weckt Interesse. Und wer Interesse für bestimmte Themen hat, die ihm am Herzen liegen, engagiert sich auch. Das verbindet uns. Schließlich sind wir doch alle irgendwie Suchende.

Leo Nowak wurde 1929 in Magdeburg geboren. Nach einer kaufmännischen Lehre und dem Besuch der Fachschule für Industrie und Handel studierte er in Paderborn und Erfurt Theologie und wurde am 10. Mai 1956 in Magdeburg zum Priester geweiht. Nach 20 Jahren im Gemeindedienst wurde er Leiter des Seelsorgeamtes. Papst Johannes Paul II. ernannte ihn 1990 zum Bischof und Apostolischen Administrator in Magdeburg. Die Bischofsweihe fand am 24. März 1990 in Magdeburg statt. Mit der Errichtung des Bistums Magdeburg am 8. Juli 1994 wurde Nowak zum ersten Bischof der Diözese ernannt. Seit 2004 ist er im Ruhestand.

Wozu sind Sie da, Bischof Nowak?

Mit meinen 91 Jahren eine Frage, die ich eigentlich gern abändern würde. Die Frage müsste für mich eher lauten: Wozu war ich da, denn die längste Zeit meines Lebens liegt ja weit hinter mir.

Als Pfarrer und Bischof habe ich meinen Beruf und mein Leben immer als Dienst an den Menschen verstanden. Aber wozu bin ich da, wenn ich nicht mehr die Kraft habe, für andere da zu sein? Wenn die Kräfte schwinden, Müdigkeit und körperliche Beschwerden zunehmen? Wenn ich immer weniger etwas für andere tun kann? Ist das Dasein eines Menschen nur vom aktiven Dasein für andere zu bestimmen? Liegt die Betonung allein auf Leistung, Machen und Tun? Mir fiel unlängst ein kleiner humorvoller Spruch in die Hände, der auf den Punkt bringt, was ich meine: ‚Heute nichts gemacht und nichts erlebt! Auch schön!' Demnach bin ich auch dazu da, mich einfach darüber zu freuen, dass ich da bin! Das Leben hat Sinn auch dann, wenn es nichts mehr zu tun gibt!? Solche und andere Fragen bei den Menschen und vor allem auch bei mir selbst wach zu halten, dafür möchte ich da sein.

Aber ich sehe noch einen weiteren Akzent: Kein Mensch ohne Hoffnung! Das Hoffnungspotenzial des Menschen ist unersättlich. Dass möglichst kein Mensch ohne Hoffnung bleibt, das habe ich im Laufe meines Lebens immer mehr als Aufgabe erkannt. Dazu wollte und möchte ich einen bescheidenen Beitrag leisten. Hoffnung stiften, Hoffnung verbreiten kann aber nur, wer selbst von einer ‚unausrottbaren' Hoffnung erfüllt ist. Woher aber eine solche Hoffnung nehmen? Spätestens an dieser Stelle wird deutlich, dass die Hoffnung ein unverdientes Geschenk ist.

In einem Gesprächskreis mit Ärzten ging es um die Frage nach dem ärztlichen Berufsethos. Niemals dürfe ein Arzt einen Patienten belügen, antwortete ein Teilnehmer. Und kein Schwerkranker sollte ohne Hoffnung bleiben, so ein anderer. Auf meine Frage, was aber ist mit der Hoffnung, wenn es nach menschlichem Ermessen keine Hoffnung mehr gibt? Ein betretenes Schweigen war eine deutliche Antwort.

Im Pastoralen Zukunftsgespräch (PZG) des Bistums Magdeburg fanden wir eine Antwort auf die Frage nach dem Christsein heute: „Wir haben eine Hoffnung, die auch dann bleibt, wenn unsere eigenen Möglichkeiten ausgeschöpft sind." Wir waren sehr froh, dass wir dieses „Glaubensbekenntnis" gemeinsam gefunden haben. Freilich ist zu bedenken, dass wir diese Hoffnung nicht im Sinn von einer ständigen Besitzergreifung für alle Zeit haben, sondern immer nur „in zerbrechlichen Gefäßen", denn die Hoffnung ist und bleibt ein kostbares Geschenk. Da braucht es dringend unser Gebet, damit wir in den Verwirrungen von Kirche und Gesellschaft nicht mutlos werden. Als Kirche aber müssen wir lernen, dass es in der Krise unserer Tage darauf ankommt, den eigentlichen Kern unseres Glaubens wiederzuentdecken, Schutt und Geröll abzuräumen, damit wir aus eben dieser Hoffnung leben, die all unsere Möglichkeiten bei Weitem übersteigt.

Wozu also bin ich da? Solange ich lebe und atmen kann: das kostbare Geschenk des Glaubens und der Hoffnung in Liebe dankbar annehmen und Mut machen zum Leben!

Eva Thalmann (62) ist studierte Diplom-Sozialpädagogin und lebt mit ihrem Mann, einem Musikwissenschaftler, in Detmold. Sie ist ehrenamtliche Präventionsfachkraft und Kontaktperson im Pastoralverbund Lippe-Detmold. Hauptberuflich bietet sie systemische Beratung an. Weitere Infos auf: www.evathalmann.de

Wozu sind Sie da, Frau Thalmann?

Der Angetrunkene geht auf dem Dorffest an dem elfjährigen Mädchen vorbei und sagt: „Du hast aber hübsche Titties." Alle Umstehenden lachen – bis auf das Mädel, das sich furchtbar schämt und total verunsichert ist. Solche Situationen haben wir bestimmt alle schon einmal miterlebt. Das ist ein Beispiel für eine Grenzverletzung, auch in Anwesenheit anderer, die ohne böse Absicht geschehen ist. Nicht nur ich, sondern wir alle sind dazu da, darauf zu achten, dass sich Personen – besonders Kinder, Jugendliche und bedürftige Erwachsene, Ältere oder Menschen mit Behinderungen – in unserer unmittelbaren Umgebung wohlfühlen.

Es geht darum, achtsam zu sein und aufeinander aufzupassen. Bei uns in der Kirche hat es schlimme Vorfälle gegeben, vieles wurde lange vertuscht, aber es hat sich auch vieles getan. Als Gemeinde im Erzbistum Paderborn haben wir ein institutionelles Schutzkonzept erarbeitet. Dabei ging es um Theorie, wie zum Beispiel Machtstrukturen, aber auch um ganz praktische Dinge, wie zu schauen, ob es bei den Fahrradständern am Pfarrheim genug Licht gibt.

Als Präventionsfachkraft für sexualisierte Gewalt im Pastoralverbund Lippe-Detmold sehe ich mich als Schnittstelle zwischen Prävention und Intervention. Das Ehrenamt ist eine gute Ergänzung zu meinem Beruf als systemische Beraterin und Familientherapeutin. Ich arbeite seit über 35 Jahren in der Jugendhilfe. Dabei habe ich beobachtet, wie sehr sich unsere Gesellschaft verändert hat. Die 1968er-Generation hat unter anderem gegen starre Strukturen gekämpft und den Menschen in seiner Individualität nach vorne gebracht. Zudem haben Internet und soziale Netzwerke unsere Lebenswirklichkeit komplett verändert, alles ist komplexer geworden. Bei uns nimmt der Medienkonsum zu und viele Kinder daddeln täglich. Die Eltern sind mitunter hilflos und wissen nicht, was ihre Kinder da genau spielen. Oft sind die Eltern selber sehr belastet, in Not, und es herrschen große Unsicherheiten. In den Jahrzehnten in der Jugendhilfe habe ich oft erlebt, dass die meisten Eltern, die nicht gut zu ihren Kindern sind, nie aus böser Absicht handeln, sondern selbst in ihrem Seelenkern extrem bedürftig sind. Man muss einfach immer das große Ganze sehen und sich auch selber schützen. Nach all den Jahren schöpfe ich aus der Summe meiner Erfahrung und nehme die Geschichten nicht mit auf die Bettkante.

Unser Haus mit Bauerngarten und Obstwiese ist ein kleines Paradies. Wir haben es als Ruine gekauft und liebevoll in Absprache mit dem Denkmalschutz und dem Freilichtmuseum Detmold restauriert. Manche Balken sind rund 500 Jahre alt. An der Unterseite eines Deckenbalkens haben wir einen sogenannten „Hexentoiken", das ist laut Forschung ein Abwehrzeichen gegen Hexenzauber und böse Mächte. In manchen Balken finden sich „Zauberbohrungen", das sind Bohrlöcher im Fachwerk, die nichts mit der Konstruktion zu tun haben und in vielen westfälischen Fachwerkhäusern zu finden sind. Diese Löcher waren mit Holzpflöcken verschlossen und man hat Überreste von Pflanzen, Eiern, Leder und Handschriften mit religiösen oder magischen Sprüchen gefunden. Da existierte der Glaube an heidnische Magie neben dem Christentum, ganz unter dem Motto: Viel hilft viel. Die Menschen früher hatten eigentlich dieselbe Sehnsucht wie wir: sich in ihrer unmittelbaren Umgebung wohlzufühlen. Zusammen kann uns das auch gelingen.

Stewart und Hussein** (beide 22) verbüßen momentan ihre Haftstrafe in der Justizvollzugsanstalt Herford. Beide wurden schon mehrmals inhaftiert und haben noch offene Verfahren laufen. Deswegen ist ihr konkreter Entlassungstermin noch nicht bekannt.
*Namen von der Redaktion geändert

226
214

Wozu sind Sie da, Herr M. und Herr S.?

Wir fühlen uns wie Brüder, weil wir zusammen aufgewachsen sind. Mit 13 Jahren ist Stewart* zu Hause rausgeflogen und wurde von meinen Eltern aufgenommen. Inzwischen leben beide aber nicht mehr. Jetzt sitzen wir gemeinsam unsere Haftstrafen ab. Das erste Mal verhaftet zu werden und in den Knast zu kommen, ist krass, aber wir waren schon öfter hier. Wir haben den „Familienumschluss" genehmigt bekommen, obwohl wir nicht blutsverwandt sind. Das haben wir zusammen erreicht und sind da richtig stolz drauf.

Wir sind dazu da, um einfach zu leben. Unser Alltag ist streng geregelt. Ab sechs Uhr gibt es Frühstück, dann treffen wir uns eine halbe Stunde später am „Spiegel" im Erdgeschoss. Das ist hier der Punkt, an dem viele Gänge kreuzförmig zusammenlaufen. Halb zwölf gibt es Mittagessen, wegen Corona im Haftraum, also der Gefängniszelle. Dann geht es weiter mit Arbeit bis zum Feierabend um 15.30 Uhr. Am Tag gibt es für uns eine Stunde Hof-Freigang. Der Fernseher hier ist schon total wichtig. Wenn das Wetter schön ist und die Luft steht, ist das schon besonders hart, hier zu sein. Auch abends vor dem Einschlafen kommt man ans Nachdenken und ins Grübeln. Warum bin ich schon wieder hier gelandet?

Das ist einfach ein Teufelskreis. Ohne Meldeadresse kein Geld vom Amt, ohne Geld keine Wohnung. Wir haben mal hier, mal da gepennt und dann geht es wieder los mit den Einbrüchen. Das waren nur Läden und Geschäfte, Kinder und alte Menschen sind für uns tabu. Mehrere Tausend Euro in wenigen Tagen auszugeben, ist kein Problem. Wir gingen ins Casino, kauften Schmuck und Anzüge, fuhren überall mit dem Taxi vor. Mit Geld biste wer. Wenn uns jemand fragte, woher wir das Geld hatten, sagten wir nur „Geschäfte, Bruder!" Wenn ich hier rauskomme, habe ich aber einen Job auf einem Schrottplatz in Aussicht. Stewart fängt bald hier in der JVA eine Lehre zum Gebäudereiniger an.

Draußen habe ich Drogen genommen, schon Härteres als nur kiffen. Ich hätte hier zur Suchtberatung gehen können, fand das aber unehrlich. Als Junge, so mit dreizehn Jahren, bin ich mal auf so einen Bauernhof gekommen, wo ältere Suchtkranke waren. Zur Abschreckung, dort fand ich es aber gut, die anderen haben mich korrekt behandelt. Ich habe im Stall bei den Schweinen gearbeitet. Das war echt schön mit den Tieren. Eigentlich war Rauchen verboten, aber der Azubi da, der hat uns mit Kippen versorgt und wir haben heimlich geraucht. Mit Hilfe von Astgabeln, damit der Rauch nicht so an Händen und in den Klamotten kleben blieb.

Hier in Herford haben sie Rap-Musik-CDs zum Kauf verboten. Es gibt nur welche in der Gefängnisbücherei, aber alles Gute ist eh immer vergriffen. Das Verbot ist blöd, da hätten wir ja mal drüber diskutieren können. Sind ja nicht alle Texte gewaltverherrlichend und frauenfeindlich. Das Lied „Out of Touch" von dem Rapper MoTrip und Michael Patrick Kelly, das im Kölner Dom aufgenommen wurde, ist überhaupt nicht gewalttätig, sondern sie singen, dass wir alle in einem Boot sitzen und von Haus und Garten.

Ein Haus, Garten und den Mercedes vor der Tür, das ist unser Traum. Mit Familie. Meine Älteste kommt langsam in das Alter, wo sie nachfragt. „Wenn du Blödsinn machst, kommst du in dein Zimmer und der Papa kommt eben nach Herford." So erkläre ich meiner kleinen Tochter, warum ich nicht zu Hause bin. In dem Rap heißt es: „Dies hier ist ein magischer Moment / Ein kleines bisschen Hoffnung, wenn man gerade nicht dran denkt." Und Hoffnung zu haben ist das Allerwichtigste. Wir zwei sind wie Brüder und wollen noch viele magische Momente erleben.

Luisa Roensch (28) ist Erzieherin, Kindergartenleiterin, Theaterpädagogin und Dozentin. Sie wusste schon als kleines Kind, dass sie – wie ihre Patentante – im Kindergarten arbeiten möchte. Alle Infos zu Amadeus & Luisa gibt es im Internet unter: www.amadeus-luisa.de

Wozu sind Sie da, Frau Roensch?

Wenn Amadeus und ich für unsere Instagram-Storys auf den Straßen unterwegs sind, machen alle große Augen: Kinder, junge oder ältere Erwachsene, einfach alle. Wir sind dazu da, um zu faszinieren. Beim Puppenspiel entsteht ein gewisser Zauber, ich verschwinde komplett hinter der Puppe und die Menschen konzentrieren sich total auf Amadeus.

Auch wenn das eigenartig klingt, aber Amadeus hat sein eigenes Wesen. Er ist viel mutiger als ich. Am Weltkindertag waren wir zum Beispiel an einem Stand in der Paderborner Fußgängerzone. Als Bürgermeister Michael Dreier vorbeischaute, hat Amadeus ihn mit den Worten „Wenn du mal nicht kannst, vertrete ich dich gern", angesprochen. Herr Dreier fand das sehr lustig. Als Puppe darf man eben mehr, da gibt es keine Hemmschwellen im persönlichen Kontakt, sondern ganz viel Narrenfreiheit, spontanes Vertrauen und eine gewisse Leichtigkeit. Besonders Kinder vertrauen einer Puppe viel eher etwas an als einem Erwachsenen.

Übrigens habe ich Amadeus selbst gebaut. Ich wollte keine Puppe von der Stange, sondern eine mit Seele; also besuchte ich bei einem Puppenbauer einen Kurs, um meine selber zu bauen. Ich hatte überhaupt keine konkrete Vorstellung und wusste nicht, mit welcher Puppe ich dann zurückkommen würde. Das ist wie im echten Leben: Amadeus ist nicht perfekt, hat aber dafür ganz viel Charakter. Er ist auch ein richtiger Gentleman, der sehr viel Wert auf seine Garderobe legt. In Workshops und Kursen geben Amadeus und ich unser Wissen und unsere Erfahrung gerne weiter. Wir sind also nicht nur da, um zu faszinieren, sondern auch, um andere Menschen zu begeistern.

Wenn ich mich für etwas begeistere, gehe ich den Dingen auf den Grund.

So ist das auch mit meinem Katholisch-Sein. Mit einer Freundin saß ich für einige Zeit im Pfarrgemeinderat in St. Simon und Judas Thaddäus in meinem Heimatdorf Etteln. Das war spannend und interessant, aber auch zeitintensiv. Der Kern des katholischen Glaubens, der Gedanke der Nächstenliebe, die Bewahrung der Schöpfung sind aktueller denn je. Andere kirchliche Themen sind oft ganz fern von der Lebenswelt Jugendlicher oder junger Erwachsener. Meine Generation, also die jüngeren Erwachsenen, beschleicht manchmal das Gefühl, geistig zu verhungern. Wir als Kirche dürfen uns dann nicht wundern, wenn sich die jungen Menschen anderen Gottheiten zuwenden, dem Smartphone zum Beispiel.

Ich meine, gerade im Gottesdienst sitzen wir nur da und konsumieren. Macht uns das zu guten Christen? „Wir werden ja auch nicht zum Auto, nur weil wir in einer Garage stehen", wie das Albert Schweitzer mal so schön formulierte. Bin ich Gott nicht wesentlich näher, wenn ich mir meine eigenen Gedanken mache? Oder mich mit meiner besten Freundin treffe und wir zusammen über Gott nachdenken? Oder wenn ich selbst etwas tue, mich aktiv mit etwas auseinandersetze, zum Beispiel mich um junge Flüchtlinge kümmere?

Wir leben in einer Zeit, in der viele Menschen kritisch nachfragen. Als Notre Dame abbrannte und fleißig Spenden gesammelt wurden, fragten wir uns doch alle: „Hey, ihr habt doch das Geld. Andere Unternehmen fragen ja auch nicht nach Spenden und die bekommen auch keine Kirchensteuer." Und gerade jetzt durch Corona stehen viele Künstler, Veranstalter oder Gastronomen mit dem Rücken zur Wand, ohne dass eine Oma noch etwas für sie von ihrer Rente abzwackt und in den Klingelbeutel wirft. Als Kirche ist doch jetzt unsere Zeit, um den Menschen etwas zu geben, um Sicherheit, Halt und Orientierung zu vermitteln. Die Sehnsucht ist doch da. Lassen wir die Puppen tanzen!

Vivien Dunschen (25) arbeitet mit ihrem Vater in der Steinmetz-Werkstatt im Familienbetrieb. Ihre Zwillingsschwester Vanessa ist in der Blumengalerie tätig, während ihre Schwester Isabelle, die gerade in Mutterschutz ist, und ihre Mutter Cornelia das Büro leiten. Zum Ausgleich spielt Vivien Fußball und ist Torfrau beim HSV Hövelhof in der Damen-Landesliga.

Wozu sind Sie da, Frau Dunschen?

Der Moment, in dem uns Menschen brauchen, ist nicht vorsehbar. Meine Familie, Grabmale-Bestattungsunternehmer in der dritten Generation, ist immer auf Abruf bereit. Wir sind alle leidenschaftliche Camper. Früher waren wir campen, immer hier in der unmittelbaren Umgebung. Als wir mal in Schieder-Schwalenberg waren, klingelte das Telefon. Meine Eltern Cornelia und Andreas sind wieder los nach Hause. Während wir Kinder – meine Zwillingsschwester Vanessa und die Jüngste Isabelle – schon alles vorbereiteten. Da haben wir alles aufgebaut und den Grill an den Start gebracht. Ich glaube, dass meine Eltern bis heute nicht wissen, wie das Vorzelt aufgebaut wird, weil das Telefon häufig ausgerechnet dann klingelte.
Reisen und Sterben besitzen viele Gemeinsamkeiten, im Prinzip ist der Tod auch eine Reise.

Meine Mutter sagt immer, dass man auch die letzte Reise planen kann, genauso wie die zu Lebzeiten davor. Ob nun geplant oder nicht, ich bin dazu da, um Menschen auf diesem Weg zu begleiten. Als Steinmetzin sorge ich dafür, dass der Grabstein im Zusammenspiel mit der Grabgestaltung die individuelle Persönlichkeit des Verstorbenen widerspiegelt. So erzählt jeder Stein wie jedes Leben eine eigene Geschichte.

Seit ich denken kann, wollte ich Steinmetzin werden. Schon als Kind spielten wir mit Freundinnen, bei uns war immer richtig was los, in der Werkstatt bei Vater und Großvater. Wir haben begeistert modelliert, geknetet und Vogeltränken gebaut. Zwar sahen die nicht immer so aus wie ursprünglich geplant, aber es war richtig toll.

Später machten wir uns dann auf die Suche nach einem Ausbildungsbetrieb, weil ich die Lehre auf jeden Fall woanders machen wollte. Das war schwierig, einen zu finden. Es gibt immer noch Vorbehalte von wegen ein Mädchen schafft das nicht. Das ist ja auch harte körperliche Arbeit und wir sind viel draußen bei Wind und Wetter. Schließlich konnte ich die Ausbildung in Büren/Weine absolvieren. Ohne Auto ist das eine ganz schöne Ecke von zu Hause entfernt. Ich hatte mir dann dort ein Zimmer gesucht und war nur am Wochenende daheim. Man muss das schon wollen. Ich finde das sehr schade, dass viele Jugendliche eine Ausbildung im Handwerk gar nicht auf dem Schirm haben und das Image des Handwerkes untergeht. Dabei ist unser Beruf, übrigens einer der ältesten auf der Welt, breit gefächert. Es geht ja nicht nur um Grabmäler, sondern es gibt auch tolle Möglichkeiten im Industriebereich oder der Restauration.

Nach der Lehre und vor dem Besuch der Meisterschule war ich für sieben Monate in Neuseeland. Mich auf ein „Work & Travel" einzulassen, hatte ich mir auch schon während der Ausbildung überlegt. Neuseeland ist so ziemlich der weit entfernteste Punkt. Dort ist die Kriminalitätsrate sehr niedrig und es gibt keine giftigen Tiere. Die Offenheit und Herzlichkeit der Menschen hat mich total begeistert. Da kann unsere Gesellschaft noch viel lernen.

Persönlich glaube ich, dass der Tod nicht das Ende ist, sondern der Beginn einer großen Reise. Irgendwie geht es weiter.

Silvia Aschmoneit (50) ist verheiratet und Mutter von zwei erwachsenen Töchtern. Über ihre Liebe zu den Pferden kam sie vor vier Jahren dazu, den St. Martin zu geben. Inzwischen ist sie auf vielen Veranstaltungen als heiliger Martin aktiv und geht voll in ihrer Rolle wie der Botschaft, die sie dabei vermittelt, auf.

Wozu sind Sie da, Frau Aschmoneit?

Vor allem, um die Kinder glücklich zu machen, sie zum Staunen zu bringen und ihnen den Wert des Teilens und der Nächstenliebe zu vermitteln. Da gehe ich ganz in der Figur des heiligen Martin auf, den ich normalerweise in diesen Tagen verkörpere. Wenn ich auf meinem Pferd heranreite, im Schein der Laternen und Fackeln, dann sehe ich immer wieder die großen Augen der Kinder, die Faszination und Aufregung. Das ist wirklich das Schönste an dieser Figur.

Angefangen hat das vor vier Jahren: Neben meinem Hauptberuf beim Arbeiter-Samariter-Bund fahre ich, als bekennender Pferde-Fan, immer wieder auch Planwagen-Touren für einen befreundeten Pferdehof. Diese Touren sind auch beim Pfarrgemeindefest Liebfrauen im Hammer Süden seit vielen Jahren eine Attraktion und als den Organisatoren des dortigen Martinszuges plötzlich der Reiter fehlte, kam die Anfrage an uns. Der Betreiber sprach mich an und da ich mich gerne daran erinnere, wie meine Töchter früher die Martinszüge geliebt haben, sagte ich zu.

Als es dann so weit war, schlug mir das Herz vor Aufregung bis zum Hals. Doch die Aufnahme durch die Organisatoren der KAB, der Kindergärten und der Pfadfinder war sehr herzlich. Sie hatten auch alles gut organisiert: Ich hatte einen Raum, um mich ganz in Ruhe umzuziehen und als ich das Kostüm sah, war ich hin und weg: Eine Ehrenamtlerin der Gemeinde, Maria Schäfer, hatte das als gelernte Schneiderin nicht nur perfekt verarbeitet. Es sah auch hervorragend aus und war höchst funktionell. So ist das dunkle Wams nicht nur ausreichend groß und warm. Der Stoff ist auch so gestaltet, dass es wie ein Kettenhemd wirkt. Das kommt dem St. Martin, als römischem Hauptmann, natürlich sehr entgegen.

Das absolute i-Tüpfelchen ist aber der weiße Mantel. Der ist nicht nur auffällig und sieht gerade im Dunklen super aus. Er lässt sich dank des eingenähten Klettbandes auch super teilen. Damit musste das Martinsspiel ein Erfolg werden. Ich war beeindruckt und beruhigt. Als ich dann als St. Martin in Erscheinung trat und die vielen Hundert Menschen bei dieser Traditionsveranstaltung sah, musste ich noch einmal schlucken.

Aber alles klappte hervorragend. Seitdem freue ich mich jedes Jahr auf Hamm-Süden und reite inzwischen als St. Martin auch bei anderen Veranstaltungen. Einige hatten aber Kostüme aus dem Internet, die gingen gar nicht. Stress ist vorprogrammiert, wenn nichts passt und ich darin reiten soll. So haben wir uns schließlich ein eigenes, hochwertigeres Kostüm selbst angeschafft. So kann ich mich darauf konzentrieren, Kindern Freude zu bereiten und die Botschaft des Teilens zu vermitteln.

Die Kinder überraschen auch: Einmal sah ein Kind meine langen Haare und rief, ich sei nicht Martin, sondern eine Frau. Da nahm ich es zur Seite und erklärte ihm, dass Martin gerade im Urlaub sei. Aber damit sie ihr schönes Fest feiern könnten und die Botschaft des Teilens lernten, habe er mich gebeten, ihn zu vertreten. Das Kind nickte, alles war gut und ich hatte gelernt, ein Haarnetz zu nutzen. Man lernt eben nie aus. Den Corona-Ausfall bedaure ich sehr, aber ich freue mich schon auf das Wiedersehen im nächsten Jahr.

Dr. Michael Menke-Peitzmeyer (Jg.1964) wurde 1990 zum Priester geweiht, er ist Domkapitular und seit 2013 Regens des Erzbischöflichen Priesterseminars in Paderborn.

Wozu sind Sie da, Herr Dr. Menke-Peitzmeyer?

Diese Frage stellen sich im Augenblick wohl viele Priester, nicht nur in meiner Generation. Denn unsere Rolle verändert sich im Augenblick rasant. Die Zahl der Katholiken hierzulande wird geringer, und unter ihnen gibt es immer weniger, die unsere Aufgabe, unsere Rolle und die damit verbundene zölibatäre Lebensweise überhaupt noch verstehen. Das bedeutet konkret: Die priesterliche Existenz wird immer ungesicherter, zwar nicht finanziell, aber ihre Wiedererkennbarkeit und auch ihre Wertschätzung nimmt deutlich ab.

Im Grunde sind wir in einer Phase, in der sich der Priesterberuf in vielerlei Hinsicht neu definieren muss. Manchmal vergleiche ich unsere Situation heute mit der unserer früheren Missionare, die in ein unbekanntes Land aufbrachen, um dort das Evangelium zu verkünden und neue kirchliche Strukturen aufzubauen. Sie betraten in der Regel Neuland und mussten sich irgendwie beheimaten. So ähnlich sehe ich auch die Situation unserer jungen Männer im Priesterseminar. Früher wurde mit der Priesterweihe gewissermaßen ein fertiges „Gesamtpaket" geliefert: Selbstverständnis, Rolle, Beheimatung und – in der Regel – Anerkennung und Wertschätzung. Es war klar, wie ein Priester lebt und wozu er da ist. Das fällt heute weitgehend weg, jeder Neupriester muss sich nach der Weihe selbst noch einmal neu „erfinden". Dazu braucht man eine gute natürliche Grundausstattung, eine profunde Ausbildung, geistlichen Tiefgang und – nicht zu unterschätzen – einen Sinn für die Realitäten des Lebens. Das Fundament muss stimmen, damit der Heilige Geist gut darauf aufbauen kann.

Nicht zu unterschätzen ist die Tatsache, dass wir gesamtkirchlich in einer Gemengelage sind, in der die katholische Kirche aus verschiedenen Gründen einen schweren Stand hat und eine personelle Katastrophe nach der anderen hochpoppt – bis ins Kardinalskollegium hinein. Da stehe ich schon vor der Frage: Kann ich es verantworten, den Einzelnen als Priester in diese Welt loszuschicken? Werden die jungen Priester genügend (Widerstands-)Kraft haben, den Herausforderungen „draußen“ zu begegnen?

Vor diesem Hintergrund ist es mir ein großes Anliegen, unsere jungen Leute realitätsnah auszubilden. Sie müssen in die Lage versetzt werden, ohne falsche Euphorie eine tragfähige Lebensentscheidung zu treffen. Meinen Erfolg mache ich übrigens nicht davon abhängig, wie viele Priesterweihen am Ende herauskommen. Von Zeit zu Zeit gehe ich die Listen der ehemaligen Studenten durch, um zu sehen, was aus ihnen geworden ist. Und wenn ich dann feststellen kann, dass sie anständig durchs Leben kommen und vielleicht sogar in einer anderen Aufgabe in unserer Kirche aktiv sind, dann ist doch eine Menge gewonnen.

Zu den wichtigsten Tugenden eines Regens gehört für mich die Gerechtigkeit. Damit meine ich keine simple Verteilungsgerechtigkeit, sondern den Versuch, jedem Einzelnen von seinem Naturell und seiner Prägung her einigermaßen gerecht zu werden. Die Studenten sollen spüren, dass ein solches Verhaltensmuster vom Bild des guten Hirten beeinflusst ist, der die Seinen kennt, der dem Einzelnen nachgeht und der, wie unser früherer Konviktsdirektor Ludwig Hoffmann zu sagen pflegte, „sich das was kosten lässt“. Diese Grundhaltung bedeutet dann: Ich bin nicht nur für mich selbst da, ich mache es mir als Priester nicht möglichst bequem, sondern ein großer Teil meines Alltags kreist um die Menschen, die mir anvertraut sind und für die ich, übrigens auch vor Gott, Verantwortung trage.

Richard Renner ist 62 Jahre alt, Landwirt sowie Garten- und Landschaftsbauer. Seine Frau Maria führt in Hamm das Unternehmen „Ihr Gartenpartner Maria Renner“, wo nicht nur Weihnachtsbäume sowie Garten- und Landschaftsbau, sondern vor allem auch Blumen und Floristik im Mittelpunkt stehen. In dem Familienbetrieb sind neben den Eheleuten auch immer wieder die drei Töchter und der Sohn anzutreffen, die mit den Mitarbeitern für die Kunden da sind.

Wozu sind Sie da, Herr Renner?

Vor allem um den Menschen in diesen Tagen Freude zu bereiten. Ich verkaufe seit rund 30 Jahren Weihnachtsbäume und habe gelernt, dass die Suche nach dem Christbaum jedes Jahr etwas Besonderes ist. Dabei ist es egal, ob man eine junge Familie mit Kindern bedient oder Senioren: Die Aufregung ist immer zu spüren. Die einen wollen den optimalen Baum finden. Da zeigt man ihnen zehn Bäume und mehr, nur damit sie am Ende doch den ersten nehmen. Andere bekommen feuchte Augen, weil Erinnerungen kommen.

Es ist eine Erfahrungssache, für jeden den richtigen Baum zu finden. Das hat man aber irgendwann raus. Es gibt auch die Leute, die bewusst keinen perfekten Baum wollen. Eben weil es sich um ein Stück Natur handelt. Ein Pfarrer in der Kundschaft will für sich bewusst eine krumme Tanne. Das bildet die Welt und die Menschen ab, wo auch nicht alles gerade läuft. Da ich das weiß, wird sofort bei der Anlieferung ein solcher Baum zur Seite gestellt.

In der optimierten Welt ist es auch gar nicht so leicht, einen krummen Baum zu finden. Überhaupt hat sich das Gewerbe verändert: Wir beziehen unsere Weihnachtsbäume aus dem Sauerland. Man kennt sich und ich weiß, was man bekommt. Bei Supermärkten und Baustoffhändlern sieht man dagegen oft Exemplare, die von weit her gebracht wurden.

Ob die nach unseren Anforderungen angebaut wurden und der Transport angesichts des Klimawandels sinnvoll ist, sollte jeder für sich entscheiden. Die Nordmanntanne ist inzwischen das Produkt überhaupt. Die Bäume nadeln nicht und die Spitzen sind weich. Das ist gut, denn der Borkenkäfer hat den Fichten meist das Ende gebracht.

Viele Menschen wissen gar nicht, wie viel Arbeit in den Bäumen steckt: Die Exemplare hier sind rund zehn Jahre alt. Die Triebe werden erst getopft und dann mit drei oder vier Jahren aufs Feld gebracht. Dort werden sie immer wieder beschnitten und in Form gebracht, sodass sie auch von allen Seiten gut aussehen.

Manchmal erlebt man auch die tollsten Sachen: Einige fangen an sich zu streiten. Da geht man zur Seite und wartet. Einmal rief auch ein Mann am Heiligen Abend an und jammerte: Er habe vier Kinder zu Hause, die Frau sei krank und er habe keinen Baum. Da habe ich gesagt, er solle vorbeikommen. Wir haben zur Not immer noch einige Bäume in der Erde, da schlage ich einen frisch. Er kam, suchte sich nach anderthalb Stunden mit mir in der Schonung einen aus und als ich ihm sagte „Ist gut, ich lass Ihnen den für 15 Euro", da winkte er ab, das sei ihm zu teuer.

Corona hat auch bei uns viel verändert: Um Ansammlungen zu vermeiden, wurde eine Scheune mit aufgestellten Weihnachtsbäumen bereitgestellt. Die ist festlich dekoriert und beleuchtet. Da können die Leute ihren Baum aussuchen und wir netzen ihn dann ein. Wir liefern die Bäume auch aus. Während wir die früher beim Kunden aufgestellt haben, bringen wir sie jetzt nur bis zur Haustür. Sicherheit geht vor. Das Schönste ist und bleibt aber, wenn Familien mit Kindern kommen. Die Kleinen haben eine Freude beim Aussuchen ihres Baumes, da geht mir auch das Herz auf.

Dietmar Esken ist 60 Jahre alt und lebt in Verl-Kaunitz. Er ist seit über dreißig Jahren verheiratet und Vater von vier erwachsenen Töchtern. Nach einem Studium der Betriebswirtschaft leitet er heute als Geschäftsführer ein gemeinnütziges Unternehmen, deren Mitarbeiter sich um die berufliche Inklusion von Menschen mit Behinderungen kümmern. Ehrenamtlich engagiert sich Esken im Kolpingwerk und in seiner Kirchengemeinde.

Wozu sind Sie da, Herr Esken?

Ich sorge dafür, dass die Menschen zu Weihnachten einen Festtagsbraten auf den Tisch bekommen. So könnte von außen betrachtet meine Hauptaufgabe als Gänsezüchter aussehen. Doch ich möchte das etwas weiter fassen: Denn gleichzeitig ist mein Ziel, dass die Tiere trotzdem ein gutes Leben haben. Vielleicht bin ich da so ein bisschen der Vermittler zwischen den Interessen beider Seiten.

Als ich mit 18 Jahren den Betrieb von meinem Vater übernehmen sollte, wollte ich vieles – eigentlich alles – ganz anders machen: größer, professioneller und möglichst nach rein betriebswirtschaftlichen Gesichtspunkten. Wir wurden uns nicht einig. Ich habe dann studiert und eine andere Richtung eingeschlagen. Heute bewirtschafte ich den Betrieb im Nebenerwerb – und führe so die Tradition weiter, wie sie mein Großvater vor 100 Jahren begründet hat: 1920 ist er in kleinem Umfang als weiteres Standbein zur Sicherung seines Lebensunterhaltes angefangen – so, wie es sich heute wieder darstellt.

Bei der extensiven Haltung, wie wir sie betreiben, werden die Tiere artgerecht gehalten. Das heißt, sie sind viel draußen an der frischen Luft, haben Auslauf. Sie können sich bewegen und so Muskelfleisch aufbauen. Tiere, die nur im Stall ohne Auslauf leben, setzen in erster Linie Fett an. Das entsprechende Futter sorgt dafür, dass das schnell geht. Doch damit degradiert man dieses Lebewesen zum reinen „Fleischlieferanten".

Wer sich mit Federvieh auskennt, sieht sehr schnell, ob sich ein Tier wohlfühlt. Wenn ich beobachte, dass unsere Gänse laut schnatternd und flügelschlagend über die Wiese laufen, weiß ich, dass sie in ihrem Element sind, dass es ihnen gut geht. Dann kann ich sie auch mit gutem Gewissen verkaufen – nicht nur, weil der Kunde Qualität bekommt, sondern weil die Tiere hier so behandelt worden sind, wie es sich gehört. Denn auch ein Nutztier hat Rechte. Natürlich muss ich als Erzeuger wirtschaftlich handeln, doch darf ich dabei nicht vergessen, dass es um Lebewesen geht. Nicht alle Kollegen denken so.

Ich hatte von klein auf Tiere, ich weiß, was es heißt, für die verantwortlich zu sein. Und das nicht nur in wirtschaftlicher Hinsicht. Wenn Tiere krank sind – wir hatten mal den Fall, dass eine große Zahl junger Gänse in einem Gewitterschauer nass geworden war und krank wurde, dann leiden meine Frau und ich regelrecht mit – und das nicht in erster Linie, weil die Tiere einen materiellen Wert darstellen.

Jetzt zu Weihnachten ist der Stall fast leer, das ist ein gutes Zeichen. Und wenn wir nach dem Fest von den Kunden, von denen viele schon seit Jahren zu uns kommen, hören, dass es ihnen geschmeckt hat, dann ist das ein großes Lob, über das sich unsere ganze Familie freut. Ein Gänsebraten kommt schließlich nur zu speziellen Anlässen auf den Tisch. Aber Gänse sind auch so besondere Tiere – und das nicht nur als Festtagsbraten!

Die Schwerterin *Hannah Hantschel* (26) hat einen der wenigen begehrten Plätze an der weltbekannten „Stage School" in Hamburg ergattert, Deutschlands älteste Schule für Performing Acts. Kaum bestand sie die Prüfung, mussten alle Bühnen coronabedingt schließen.

MOIN

Wozu sind Sie da, Frau Hantschel?

Es kommt im Alltag ganz oft vor, dass ich nicht an Gott denke. Nicht bewusst jedenfalls. Wenn alles gut läuft, zum Beispiel. Aber in Krisenzeiten bin ich froh, dass ich glaube und von klein auf diesen Rückhalt habe. Ja, ich bete. Ich wende mich gern an Gott, ich lasse mich leiten von ihm und meiner inneren Stimme.

Ich bin jetzt 26 Jahre alt, frisch ausgebildete Bühnendarstellerin. Erst im Juli habe ich die Prüfung bestanden, sogar mit Auszeichnung, da machten wegen Corona alle Bühnen dicht! Das war ein Stopp in vollem Lauf. Ich hatte mir die Ausbildung an der berühmten „Stage School" in Hamburg vom Mund abgespart. Ich habe über Jahre ohne Ende gejobbt und habe das Geld zusammenbekommen. Auch während der Ausbildung musste ich weiter nebenbei arbeiten.

Beim Durchhalten hat mir mein Glaube geholfen. Ich hatte immer Zuversicht, ich habe an mich geglaubt. Manche Menschen sagen: „Ich weiß, dass Gott einen Plan für mich hat." So ähnlich denke ich und stelle mich so gestärkt den Herausforderungen. Ich weiß, dass ich die Kraft habe, eine Menge zu schaffen.

Die Ausbildung ging über drei Jahre, das war hart. Die Maßstäbe liegen sehr hoch in Hamburg. Ich habe am Ende nicht nur ein fertiges Soloprogramm mit Gesang, Schauspiel und Tanz, sondern auch ein Programm als Stand-up-Comedian auf die Beine gestellt – und dann bremst mich diese Pandemie komplett aus. Ich konnte noch an der Jubiläumsgala der „Stage School" mitwirken, aber Corona hat das auch unterbrochen.

Meine Kindheit und Jugend in Schwerte ist von meinem christlichen Elternhaus stark beeinflusst worden. Natürlich war ich lange Messdienerin in St. Marien. Meine Heimatgemeinde hat einen Reiterhof, da habe ich auch Reiterferien mitgeleitet und meine Leidenschaft für die Musik eingebracht. Ich habe im Kinder- und Jugendchor bei Doro Wolfgart gesungen, bei unserem Kantor Michael Störmer habe ich viel gelernt. Noch vor dem Abitur 2013 habe ich ein Stipendium der Schwerter Konzertgesellschaft erhalten, die haben meine erste klassische Gesangsausbildung bei Sabine Toliver in Dortmund finanziert.

Da wusste ich schon, dass ich zur „Stage School"wollte. Ich wusste auch immer, dass genau dieser Bereich mich zufrieden macht. Erst mal habe ich aber Deutsch und Sozialwissenschaften auf Lehramt studiert. Kurz vor dem Bachelor habe ich abgebrochen, weil ich an der „Stage School" Hamburg aufgenommen wurde. Ich habe immer in Bands gesungen und ich war als Jugendliche Hochzeitssängerin, das mache ich heute noch total gerne.

Jetzt jobbe ich weiter und stehe in den Startlöchern für meine ersten Engagements. Ich habe den Beruf, der zu mir passt und in dem ich mich kreativ entfalten kann. Und wenn es nun erst mal noch nicht sein sollte, dann weiß ich, dass Gott ja den Plan für mich hat.

Und wozu sind Sie da?

Die Geschichten wurden aufgezeichnet und fotografiert von
Julia Hollwedel: S.14, S. 22, S. 30, S. 34, S. 38, S. 50, S. 58, S. 74, S. 94, S. 114, S. 118, S. 122, S. 126 (Text) S. 134, S. 138, S. 142, S. 146,
Claudia Auffenberg: S. 10, S. 18, S. 46, S. 82, S. 98, S. 102 (Text), S. 106, S. 126 (Foto) S. 154 (Text),
Andreas Wiedenhaus: S. 54, S. 78, S. 90, S. 110, S. 162, S. 102 (Foto),
Peter Körtling: S. 86, S. 150, S. 158,
Martin Krehl: S. 66, S. 166
Susanne Sperling: S. 130 (Foto)
Bénédict Elders: S. 154 (Foto)

Alle weiteren Fotos und Texte wurden von den dargestellten Personen selbst beigesteuert.